宜人宜宾

区域文化生态旅游中心城市

许察金◎编著

西南交通大学出版社
·成 都·

图书在版编目（CIP）数据

宜人宜宾：区域文化生态旅游中心城市 / 许察金编著. —成都：西南交通大学出版社，2023.2
ISBN 978-7-5643-9180-5

Ⅰ. ①宜…　Ⅱ. ①许…　Ⅲ. ①旅游文化－旅游业发展－研究－宜宾　Ⅳ. ①F592.771.3

中国国家版本馆 CIP 数据核字（2023）第 030721 号

Yiren Yibin: Quyu Wenhua Shengtai Lüyou Zhongxin Chengshi

宜人宜宾：

区域文化生态旅游中心城市

许察金　**编著**

责任编辑	周媛媛
封面设计	墨创文化
出版发行	西南交通大学出版社 （四川省成都市金牛区二环路北一段 111 号 西南交通大学创新大厦 21 楼）
发行部电话	028-87600564　028-87600533
邮政编码	610031
网　　址	http://www.xnjdcbs.com
印　　刷	四川煤田地质制图印务有限责任公司
成品尺寸	170 mm × 230 mm
印　　张	12.75
字　　数	208 千
版　　次	2023 年 2 月第 1 版
印　　次	2023 年 2 月第 1 次
书　　号	ISBN 978-7-5643-9180-5
定　　价	72.00 元

三江荟萃

现代新城

日新月异

秀美田园

前 言

2021年10月，宜宾市第六次党代会提出要建设“现代化的区域中心城市”“高质量建成区域文化旅游体育中心”，加快建成文化强市、旅游强市。这为宜宾文化旅游的融合发展、高质量发展提供了大好机遇，同时也提出了更高的要求。

宜宾历史悠久，文化底蕴厚重，旅游资源富集，正因为太悠久，太厚重，太富集，所以虽然长期以来研究、介绍宜宾文旅的文章多如牛毛，但遗憾的是比较分散、碎片化，有的以偏概全，难以一斑窥全豹，有的只见树木不见森林，鲜有系统、完整地研究、介绍和反映宜宾文旅的著述，这无疑成了全面认识掌握宜宾文旅资源状况和事业产业发展情况的短板。许察金教授刚完成的这本《宜人宜宾：区域文化生态旅游中心城市》弥补了这个短板。

该书格局宏大，视野开阔，从历史视角、地理视角、人文视角、工作视角多个维度，系统全面地介绍了宜宾的文化旅游，从长度上涵盖了宜宾从汉高后六年（公元前182年）建城以来形成的文旅资源、地域特色、地方特产、非物质文化遗产，从宽度上覆盖了宜宾市域10个区县的所有知名景区景点。

可以说，此书是迄今为止难得的一本具有很高价值的宜宾文旅百科全书：对旅游者来讲，它是一本景区景点、吃住行游购娱的指南；对有兴趣认识宜宾、了解宜宾的青少年朋友来讲，它是一本入门工具书；对从事教学、科研、考古的学者来讲，它是一本宝贵的资料总汇；对具有政策制定权的决策者来讲，它是一本对如何推动文旅融合发展有启迪的重要参考书；对行业主管部门和文旅工作者来讲，它是一本宣传宜宾，推广宜宾，吸引更多企业、资金投入宜宾文旅业发展的投资指南……总之，该书的意义和作用是多方面的，价值也是多重性的，具有较强的可读性。

葛燎原

2022年8月3日于宜宾

目　录

第八章 筠连 川滇门户 / 117

第九章　珙县　千年僰都 / 131

绪 论

孔子曾说："智者乐水，仁者乐山。"唐古拉山和岷江的雪水，以一泻千里的气势，奔腾而来，穿越而过，相聚于此。一条名叫金沙江，一条名叫岷江，它们于一处交汇，成为长江。在此三江交汇处，有一座充满活力与魅力的城市——宜宾。它因水而生、因酒而兴，因大力培育新兴产业而崛起，因习近平总书记来川亲临视察而更加奋发有为，迅速成长为世人瞩目的现代化新城。

宜宾是一个"看得见青山，望得见绿水，记得住乡愁"的美丽城市，地处川滇黔渝黄金交叉点，东临万里长江，南携云贵高原，西倚大凉山屏障，北通成都平原。宜宾下辖三区七县，即翠屏区、叙州区、南溪区、长宁县、江安县、珙县、筠连县、兴文县、高县和屏山县。全市面积为13 283平方千米，有550.5万智慧勤劳的宜宾人民生活在这里。

历史上，宜宾先后有"僰道""戎州""叙州""义宾""宜宾"之称呼。据考证，宜宾人类活动的历史可追溯到4万年前的原始社会旧石器时代晚期。公元前3000多年，宜宾已出现氏族部落，从事原始耕作、狩猎和渔猎。因此，它是一方与长江文明同样悠久灿烂的"川南形胜"宝地，先有五尺道，再有南丝绸之路，到明清已经是"搬不完的昭通，填不满的叙府"，被称为"西南半壁古戎州"。这里的历史文物随处可见，民风民俗淳厚鲜活，奠定了"万里长江第一城"的历史文化名城地位。宜宾自然地貌为"七山一水二分田"，属中亚热带湿润季风气候，雨量充沛，气候宜人，土壤肥沃，物产丰富，是同纬度地带农业资源配套条件最佳地区之一。并且宜宾以其丰富的能源矿产资源，培植起了以酿酒为特色的饮料食品、机械制造、能源化工、轻纺建材等传统支柱产业，是国酒五粮液的故乡。宜宾旅游资源富集，数量多、禀赋好、品位高、功能齐全、类型独特，融自然景观与人文景观于一体，集山川风光精华于一身，不仅是研究宜宾历史人文的宝贵素材，而且具有极高的观赏、体验、科研、历史考古、文学审美、红色文化教育等价值，著名的有“蜀南竹海、石海洞乡、僰人悬棺”蜀南三绝，被誉为“竹海天下翠、石海天下奇、悬棺天下谜”。悠久的历史，厚重的人文，必然培育了宜宾无数的名人英模。从唐代起，有杜甫、韦皋、韦庄、岑参、苏轼、苏辙、黄庭坚、范成大、陆游、杨慎等文人墨客先后旅居宜宾，留下了许多脍炙人口的诗文和实物遗存；清末有赵树吉、包弼臣、罗肃，他们并称“叙州三杰”。在新民主主义革命和世界反法西斯主义斗争中，宜宾先后涌现了革命烈士刘华、李硕勋、卢德铭、余泽鸿、郑佑之、赵一曼等，另有名人大师如新文化先驱阳翰笙、文艺理论家赵景琛、哲学家唐君毅、“攀钢之父”常隆庆、土壤学家侯光炯、柑橘专家张文湘，等等，让后人永久景仰和自豪。

“雄关漫道真如铁，而今迈步从头越。”新中国成立几十年弹指一挥间，在伟大英明正确的中国共产党领导下，宜宾城乡面貌发生了翻天覆地的变化，人民生活也得到了极大的改善和提高。而今进入中国特色社会主义新时代，立足新发展阶段，贯彻新发展理念，构建新发展格局，迈步于“两个百年交汇期”新的长征路上，宜宾的文化旅游出现了前所未有的蓬勃发展态势。党的二十大报告提出：“深入实施区域协调发展战略、区域重大战略、主体功能区战略、新型城镇化战略，优化重大生产力布局，构建优势互补、高质量发展的区域经济布局和国土空间体系”和“建设宜居宜业和睦乡村”。省委十二次党代会明确提出，支持宜宾泸州组团建设川南省域经济副中心；市第六次党代会提出“到2026年，建设社会主义现代化的国家区域中心城市”，为未来新发展指明了前进方向，提供了基本遵循。

“十四五”时期，宜宾文旅发展已经站在一个新的发展风口，面对着国家全面乡村振兴、成渝地区双城经济圈建设、西部陆海新通道等诸多重大战略的新发展机遇。宜宾将在按照习近平总书记来川来宜视察调研讲话精神，深入贯彻落实“共抓大保护、不搞大开发方针，筑牢长江上游生态屏障，守护好这一江清水”“因地制宜发展竹产业，让竹林成为四川美丽乡村建设的一道风景线”的过程中，实心干事、科学作为，奋力将宜宾打造成为“一个来了就不想走的”高品质宜游宜居的生活目的地。

·第一章·

宜宾　中国酒都

宜宾位于川滇黔结合部，金沙江、岷江、长江三江交汇处，东邻泸州市，南接云南省昭通市，西接凉山彝族自治州和乐山市，北接自贡市。自古就是川、滇、黔、渝结合部的物资集散地和川南经济文化中心，拥有“川南形胜”“万里长江第一城”“中国酒都”“中华竹都”“世界锂电动力之都”的美誉，是一个具有2200多年建城历史、3000多年种茶史以及4000多年酿酒史的国家历史文化名城。宜宾市人民政府驻地为叙州区蜀南大道8号。

由于其独特的地理自然环境，在长期的文化融合发展中，孕育出了独具特色的长江文化、酒文化、茶文化、僰苗文化、哪吒文化、抗战文化、红色文化和民俗文化等。

宜宾地势大致呈西南高、东北低之势，最高处在屏山县境内的五指山脉老君山主峰，海拔高2008.7米，最低处在东部江安县井口乡金山寺附近的长江河谷，海拔236.3米。整个区域内，山丘广布，平坝狭小，中山、低山、槽谷、丘陵和平坝，错综交织，姿态万千。宜宾气候温和，热量丰足，雨量充沛，光照适宜，无霜期长，冬暖春早，四季分明。全境属于亚热带湿润季风气候，其中低丘、河谷地带有南亚热带的气候属性。年平均气温18℃，年均降水量1050～1618毫米，5～10月为雨季，降水量占全年的81.7%，主汛期为7～9月，期间降雨集中，占全年总降雨量的51%。年均日照数为1000～1130小时，无霜期334～360天。年均风速仅1.23米/秒，多为西北风和东北风，静风频率高达34%～53%，风速小。宜宾的气候、地形、水文、文化等状况赋予了其得天独厚、极具融合发展的特点和历史文化生态旅游的条件。

宜宾传统产业以食品饮料、能源化工、机械制造、轻纺建材为主，新兴产业则以锂电池动力、智能终端、轨道交通、新材料、高端装备制造等为主。宜宾的特色农业主要有粮、油、林、茶、果、烟、桑、樟、药、家禽、家畜等类别。

2021年，宜宾地方生产总值为3148.08亿元，人均GDP 6.86万元，位列全省第3位；地方财政一般预算收入为251.17亿元，位列全省第3位。其中，第一产业增加值356.11亿元，增长7.6%；第二产业增加值1568.65亿元，增长8.1%；第三产业增加值1223.32亿元，增长10.2%。三次产业对经济增长的贡献率分别为10.5%、44.5%和44.9%。三次产业结构由上年的12.2∶48.9∶38.9调整为11.3∶49.8∶38.9。全年人均地区生产总值68 481元，增长8.5%。

2022年，宜宾全年实现地区生产总值3427.84亿元，增长4.5%，名义增长8.89%。①

第一节　发展定位

一、目标定位

项目决定生死，策划决定输赢，定位决定成败。在区域文化旅游融合发展中，文旅产业发展定位是非常重要的。它不仅引领和指导着整个文旅产业发展的方向与路径，而且决定着发展资源要素的优化配置，以及经济结构的调整和经营方式的选择与确定。“十四五”，宜宾文旅融合发展目标定位为：

1. 国际旅游休闲目的地。
2. 成渝地区生态旅游休闲中心。
3. 成渝地区文化强市。
4. 成渝地区旅游强市。
5. 区域文化旅游中心。

二、形象定位

目前，宜宾文旅发展的形象定位和宣传口号比较多，相对认可度较高的定位为：“长江首城·宜人宜宾”。

这个形象定位既较好地揭示了宜宾区位环境的独特性、唯一性，又反

① 数据由今日头条号缩缩经略、宜宾头条于2023年2月4日发布。

映了宜宾未来发展目标的价值取向，休现了以人为中心的新型城市化发展理念，并且嵌入了“宜宾”的城市名称。

三、空间布局

布局一：“一城三带四核”

1．“一城”：以“翠屏区、南溪区、叙州区、三江新区”中心城区为核心，大力开展宜宾历史文化资源保护利用，大力促进“文教体城”融合，打造多个区域吸引力强的主客共享休闲旅游精品项目，拓展城市文化展示和文旅消费空间，丰富城市休闲旅游业态，让“长江首城·宜人宜宾”成为宜宾城市文化旅游的IP核心形象。

2．“三带”：建设长江生态文化旅游示范带、百里乡村生态文化旅游示范带、红色文化旅游示范带，推动长江生态资源、乡村生态文化资源、红色文化旅游资源开发利用，促进县（区）、镇村产业兴旺、融合发展。

（1）长江生态文化旅游示范带：以长江生态、文化遗产资源保护为前提，以宜宾历史城区、李庄古镇、南溪历史城区为核心，环老城区古城墙圈、沿长江“三江六岸”一线建设长江文化公园，积极主动融入长江国家文化公园建设。

（2）百里乡村生态文化旅游示范带：以翠屏区、叙州区、江安县、长宁县、高县、筠连县、珙县、兴文县为重点，利用其自然风光、粮竹茶文化、乡村民俗风情、特色乡土建筑等资源，高品质建设“百里翠竹”风景线、茶文化产业园、油樟文化产业园和文旅乡村振兴示范点。

（3）红色文化旅游示范带：加强对《四川省红色资源保护传承条例》的学习和贯彻实施，充分利用宜宾红军长征文化、抗战文化、三线建设文化等红色文化资源，强化革命文物保护，合理构建“资源整合、文化叠加、产业融合”的红色旅游产品体系。

3．“四核”：深度挖掘蜀南竹海、兴文石海、中国李庄、五粮液景区核心旅游资源，推动四大核心品牌一体化建设，共同打造影响巴蜀、享誉全国乃至世界的文旅精品。蜀南竹海以竹文化为主题，整合自然和文化资源，完善度假设施，构建高品质、低密度、深体验的多元度假产品体系，形成“碧波万顷·蜀南清韵”“栖心佳境·旅居天堂”品牌形象。兴文石海以世界级地质科普文化为主题，强化文化和自然遗产系统性保护利用。中国李庄以中国文化抗战为主题，千年古镇为载体，打造长江千年古镇与文化抗战有机融合的文化体验区。五粮液景区以公园城市理念构建旅游蓝绿交融生态骨架，依托其垂江景观轴、酒文化滨江体验带、旧州塔酒文化公园、滨江体育公园，形成“一轴垂江、一带两园、水绿相映、四大林盘”的生态结构。

布局二：“一品两海三带四核五重”

1．“一品”：打造一个区域性国际文化旅游节会品牌。策划举办南丝绸之路国际文化旅游节暨经贸合作峰会，开展文化交流展示、文旅产业招商、旅游产品推广、项目推介洽谈等系列活动，成届制每年举办。

2．“两海”：建设蜀南竹海兴文石海生态旅游文化示范区。紧扣“中华竹都”和世界地质公园主题，以竹文化、僰苗文化为重点，创建国家5A级景区、国家旅游度假区、国家生态旅游示范区等旅游品牌，加快建设蜀南竹海兴文石海生态旅游文化示范区。

3．“三带”：建设三条文化旅游示范带，即沿江生态文化旅游示范带、百里乡村生态文化旅游示范带、红色文化旅游示范带。

4．“四核”：建设以竹文化为主题的蜀南竹海、以僰苗文化为主题的兴文石海、以抗战文化为主题的李庄古镇、以酒文化为主题的五粮液产业园区四大核心景区。

5．“五重”：建设五个“天府旅游名县”重点县。以长宁县、兴文县、翠屏区、叙州区、南溪区5个县（区）为重点，确保全市天府旅游名县命名县达到3个、候选县达到2个。

布局三：“一核三江四海一库两道”

1．“一核”：宜宾主城区中心区。

2．“三江”：金沙江、岷江、长江上游区域。

3．“四海”：竹海、石海、酒海、樟海。

4. “一库”：向家坝电站库区绿色生态水海景观。

5. “两道”：秦五尺道、汉茶马古道。

第二节　资源和产业

一、资源概况

据市文旅资源普查统计，2020年末，全市共有文化类资源88 705项，江河文化、红色文化、酒文化、竹文化、茶文化、古城文化、市井文化、哪吒文化、僰人文化、美食文化等资源具有较高的开发价值；全市查明旅游类资源11 144个，优良级旅游资源3036个，包含五级96个、四级358个。

目前，全市已查明较为重要红色文化旅游资源承载物（即各类革命历史纪念设施遗迹等）108处，分布于全市三区七县。其中，重要历史事件和重要机构旧址7处，重要历史事件和人物活动纪念地45处，名人（领导人、革命者和革命烈士）故居14处，纪念设施30处，烈士墓（碑）9处，具有标志性建设成就3处；国家级爱国主义教育基地1个，省级5个，市级7个，县级30个，未定级别65个。

二、产业发展

目前，全市共有全国农业旅游示范点2个（长宁县佛来山和翠屏区叙府龙芽科技示范园），有天府旅游名县1个（长宁县），天府旅游名县待批2个（翠屏区、兴文县），国家休闲农业与乡村旅游示范县1个（长宁县），四川乡村旅游示范县3个（长宁县、兴文县、高县），四川乡村旅游示范乡镇11个，四川乡村旅游示范村12个；全市共有农家乐857家，星级农家乐101家（五星级农家乐1家，四星级14家，三星级及以下86家），乡村酒店332家。

近年来，宜宾已经获批为外国人过境144小时免签停留城市；长宁县成功创建为天府旅游名县命名县，翠屏区、兴文县成功创建为天府旅游名县候选县；横江古镇等8家景区创建为国家4A级旅游景区，新增省级生态旅游示范区7家、国家3A级旅游景区34家、省级文旅特色小镇2个、省中医药健康旅游示范基地1个，蜀南竹海、兴文石海、李庄古镇创建国家级旅游度假区、国家5A级旅游景区工作有序推进。截至2020年年底，全市有星级酒店12家（五星级2家、三星级4家、二星级6家），星级酒店房间数1692间（床位数2846张）；旅行社30家；打造美食街区12个。

同时，宜宾实施文化馆、公共图书馆效能提升六大行动和博物馆效能提升十大行动，全市新建（改建）文化馆4个、文化站1个、博物馆4个、公共图书馆3个、贫困村文化室471个，投入公共文化场馆免费开放专项资金1.033亿元；新增全国重点文物保护单位2处、省级文物保护单位8处、省级非遗体验基地7个；创作“礼赞新中国·奋进新时代”剧（节）目50余个，成功举办西部民歌展演等重大活动，开展文化走基层活动11 000余场次；完成广播电视“户户通”建设22万套、公共服务网点880个，应急广播终端13 006个，建成11个融媒体中心、11个应急广播平台，全市电视、广播综合人口覆盖率分别为99%和98%。

大力推进乡村振兴战略，各县（区）加大了对乡村旅游发展的资金和技术投入，改善了乡村道路、乡村旅游设施等基础设施：全市投入乡村旅游的发展资金超过百亿元。其中：

翠屏区：投资4200万元实施“翠屏宜长兴百里翠竹长廊风景线”提升工程、投资8.4亿元建成环金秋湖百里茶旅长廊、投资34.3亿元开工建设G247产业大通道；安下路、宋园大道等一批通景公路建成通车，构建起主次分明、全域覆盖的立体交通网络体系；建成乡村旅游游客中心3个、旅游厕所4座、旅游交通标识牌29块、停车场6个。

南溪区：投资近60亿元，着力实施宜南阳泸快速通道（南溪至江安段）、长江大桥南延线、S437南溪江南段和S440南溪马家段提升改造工程、南溪至临港至岷江新区快速通道（宜南复线）、渝昆高铁南溪站、川南城际铁路大观站、城市公交智能运营及站场建设等重点项目，形成“纵横交错、连接县乡、畅通城镇、产旅交融”的干线公路网，建立更具辐射带动能力的交通体系，为宜宾加快建成更具战略地位的交通强市提供有力支撑。目前，南溪仙源长江大桥建成通车，环长江二号大道开工建设，南阳快速通道项目已经以收费公路专项债券的方式进入了省财政厅债券发行备选库，高铁场站正在推进拌合站建设，东门连接线和县乡道提升加快推进。在生态白酒农业公园（仙临镇、长兴镇境内）投入资金3000余万元，按照AAA级旅游厕所标准新建2座旅游公厕、2个停车场、约35块标识标牌等设施，新改建观光车道、游步栈道64.8千米。

叙州区：包装文旅招商引资项目8个，加快推进天宫山、七星山、少娥山、石城山的旅游开发。2021年完成郑佑之故居、蟠龙书院等项目建设，完成乡村旅游项目投资近10亿元。

长宁县：在乡村旅游发展上累计已投入近亿元，主要用于乡村道路、景区景点、游客中心、旅游标牌、农家乐等方面建设。

高县：将投入8000余万元打造镇红岩山风景名胜区。

此外，翠屏区安石村、高桥村，高县流米村，江安县五里村，筠连县春风村，叙州区喜龙村等以乡村旅游为主的特色村旅游道路等基础设施得到了显著的提升。

到2024年，宜宾将把乡村建设成为有创新、有品质、有情怀、令人向往的生态宜居地，让宜宾乡村旅游成为农业增效、农民增收、农村增美的富民产业。建成国家级乡村旅游重点镇1个、重点村3个，省级乡村旅游重点镇2个、重点村15个；天府旅游名镇2个、天府旅游名村3个，精品旅游民宿50家；市级乡村旅游重点镇30个、重点村150个，乡村旅游创客示范基地10个、休闲农业与乡村旅游示范点10个、乡村文旅能人实训基地10个。

第三节　文旅特色

一、特色文旅

有江河文化、红色文化、酒文化、竹文化、茶文化、古城文化、市井文化、哪吒文化、僰人文化、美食文化等文旅特色。

有观光旅游、休闲康养、研学体验、露营探险、美食品尝等特色功能。

二、地方特产

有宜宾五粮液、叙府小磨麻油、筠连红茶、屏山炒青、叙府香茗、宜宾芽菜、宜宾早茶、兴文方竹笋、叙州区合什手工面、筠连苦丁茶、宜宾油樟、南溪白鹅、屏山龙眼、川红工夫茶等。

三、美食美味

有宜宾燃面、宜宾臭千张、宜宾龙须蛋面、南溪豆腐干、筠连粉条、屏山腊肉、屏山白魔芋、筠连黄牛肉、宜宾怪味鸡、鸡丝豆腐脑、李庄三白（白酒、白肉、白糕）、高县沙河豆腐、宜宾糯红高粱等。

四、非物质文化遗产

宜宾全市共有非物质文化遗产表性项目393项，其中，国家级4项，省级29项，市级89项，县（区）级271项。主要有五粮液酒传统酿造技艺、竹簧工艺、蜡染技术、苗族刺绣、金沙江号子、女子踩桥、大坝高桩、双河凉糕等。①

第四节　景区景点

景区景点：蜀南竹海、兴文石海、三江新区、宜宾博物馆、李庄文化抗战博物馆、五粮液景区、江北流杯池公园、宜宾天池公园、翠屏山景区、赵一曼纪念馆等。

---

① 出自 2020 年宜宾市文物普查资料。

一、蜀南竹海

蜀南竹海位于四川宜宾“万岭山”之中，集山水、溶洞、湖泊、瀑布、丹霞等自然风光于一体，兼有历史悠久的人文景观。蜀南竹海有27条峻岭，500多座峰峦，6.6万亩翠竹，八大景区，134处景点。

蜀南竹海以竹为名，是世界上集中面积最大的天然竹林景区，植被覆盖面积超过90%，是一处天然氧吧，离宜宾市距离不足60千米，可以通过高铁和高速直达，蜀南竹海景区内有翡翠长廊、忘忧谷、观云谷、仙寓硐、青龙湖、古战场、七彩飞瀑等景点，以观云海、观竹韵、观瀑布、观湖泊、观岩壁、观佛意等为特殊看点；饮食也是围绕竹元素设计的全竹宴，有竹筒饭、竹笋、竹荪、竹荪蛋、竹毛肚、竹虫等特色菜品；竹海的住宿也别具韵味，居住在景区内的民宿和酒店内可以倾听竹丝声、蝉虫鸣、钟磬声，与自然融为一体，十分惬意舒适。

这里也是《卧虎藏龙》《十面埋伏》《勇士》《盗非盗》等众多影视取景地，还是《中国国家地理》评选的中国最美的十大森林之一。

二、兴文石海

兴文石海位于宜宾市兴文县境内，是联合国教科文组织评定的四川省首家世界地质公园，目前全球仅120家。

石海景区总面积约156平方千米，被地质学家誉为“喀斯特地貌王国”，也有“四绝同生在一画中”的美誉。

兴文石海以石为海，成就石海洞乡，可以通过高铁和宜叙高速直达。兴文石海景区内主要有大漏斗、天泉洞、天狮洞以及各种奇峰怪石。人在景区内游玩，犹如置身于世外桃源一般，不禁感叹大自然的鬼斧神工造就了这片奇异的地方。

进入兴文石海，就像进入当代世界雕塑艺术大师的大型博览厅，千奇百怪的石头就是大自然的雕塑品，各具匠心，有的肖人，有的肖物，惟妙惟肖，千奇百怪，千姿百态，充分展现出大自然的鬼斧神工。

三、宜宾老城

宜宾为国家历史文化名城，辖三区七县，是南丝绸之路的起点，素有“西南半壁古戎州”的美誉。

宜宾老城区记载着宜宾人生活的乡愁和传承，宜宾老城区的旅游景点冠英古街已正式开发运营，漫步其间，恍如时光倒流。宜宾老城区的其他景点开发也指日可待。

四、大观楼

大观楼，又名谯楼（古时筑于城门上用以瞭望的楼），因为形似北京的天安门，在当地有“小天安门”之称。它位于宜宾市中区西街口，是宜宾市的标志性建筑。在二楼东檐端，挂有“大观楼”三字匾额，每字见方1.5米，酣畅淋漓，挺拔雄健，是乾隆年间知府托隆的幕僚冀宣明所书。

大观楼是宜宾的古老地标之一，由于位于老城区中心区域重要位置，至今仍是宜宾最热闹繁华的地带。大观楼现在作为博物馆面向公众开放，其内有宜宾遗留的历史痕迹和文物展览。

五、合江门—水东门

从老城区合江门到水东门一线景点，曾经是宜宾最古老的水运码头，就好像重庆的朝天门一样。合江门、水东门与对面的白塔山隔江相望。合江门的设计者深谙风水术数，远观合江门就犹如一只龙头俯卧在三江边，现在还开通了三江游观光，可以从合江门外乘坐游轮观赏宜宾天高云淡的江景和五彩缤纷的迷人夜景。

六、滇南会馆

滇南会馆是清代丝绸之路的历史记忆和文物建筑。过去，云南来川经商的商贾，必在此居住会聚。

滇南会馆位于宜宾走马街，其古建筑至今保存较为完好。而古走马街、栈房街、将军街、马掌街、麻线街、滻关码头等街坊建筑，早已随着旧城改造而消失殆尽，唯有滇南会馆仍屹立在那里向世人独自讲述“搬不完的昭通、填不满的叙州”的历史故事。

七、真武山古建筑群

真武山古建筑群位于宜宾市西北的真武山上，始建于明万历二年（1574年），至清中叶形成以道教宫观为主，融儒、释、道三教文化为一体的规模宏大的建筑群。

庙群以明代的玄祖殿为主，八座殿宇依山取势，造型各异。庙群以明代建筑为主，清代建筑为辅，集楼、殿、坊、廊、桥池、洞、台为一体，是一组文化内涵丰富的明清建筑典范。而且至今保存完整。

八、上江北旧州塔

旧州塔建于北宋大观三年（1109年），位于四川宜宾岷江边上。塔脚南北长7.35米，东西宽7.4米，塔高29.5米，塔基以砖砌成，砌砖均用泥土黏合。塔为四方形砖塔，十三级密檐式，系印缅塔式建筑风格。

塔内壁画具有较浓厚的宗教色彩，从建造手法看，具有古地方建筑之遗风。旧州塔是宜宾著名古景观之一。

九、五粮液老窖池遗址

老窖池为明初建筑物和酿酒遗存。窖池位于宜宾市翠屏区城区内的鼓楼街和长春街。

现存“长发升”及“利川永”酒坊建筑为明清砖木结构，抬梁或穿斗式屋架，小青瓦屋面，占地面积共约2718平方米。

十、五粮液景区

宜宾是国家历史文化名城，也是南丝绸之路的起点，素有“西南半壁古戎州”的美称。除了国酒五粮液给宜宾的经济大力支持外，五粮液厂区及周边已开发成为特色旅游景区，五粮液大道已成为宜宾网红打卡地，吸引了无数中外游客来此参观。

四川省宜宾五粮液集团有限公司于1998年8月12日成立，经营范围包括投资及投资管理、资产管理、企业管理服务等。

十一、赵一曼纪念馆

赵一曼纪念馆位于宜宾市风景秀丽、松柏常青的翠屏山上。

馆内集中介绍了赵一曼烈士光辉的一生，设有展厅3个。该馆舍原系清代修建的翠屏书院，系古典庭院式建筑。

在纪念馆正门前平坦宽阔的操场上，矗立着赵一曼烈士威武的汉白玉全身雕像，馆门正门上方是朱德委员长亲笔题写的“赵一曼纪念馆”馆名。这里是宜宾红色文化教育重要基地之一，也是全国爱国主义教育基地之一。

十二、“两海”生态旅游文化示范区

“两海”生态旅游文化示范景区指竹海和石海两个景区。范围包括永江村竹文化创意园、农耕休闲体验园、竹林10 000余亩和红橘8000余亩。

2019年1月3日，宜宾市委五届七次全会审议通过了《中共宜宾市关于设立蜀南竹海兴文石海生态旅游文化示范区的决定》，以全面整合蜀南竹海、兴文石海这“两海”区域范围内的文旅资源，集中力量打造生态文明、文旅融合、乡村振兴、开放合作、改革创新、协同发展“六大示范区”。

在建设“六大示范区”的过程中，宜宾市将严守“两海”景区生态保护红线，加强竹生态资源保护培育和喀斯特地质资源保护修复，进一步筑牢长江上游生态屏障。同时，将加强“两海”景区文化挖掘，发展宜宾竹文化、僰苗文化、民俗文化等，进一步丰富当地文化旅游内涵。而且，在发展旅游的同时，宜宾将在“两海”景区周边及“两海”连接区域，重点打造一批乡村振兴示范村和示范乡镇，培育发展生态休闲农业、创意农业、富硒农业等新业态，打造一批国家级、省级乡村旅游品牌。

目前，“两海”生态旅游文化示范景区拥有国家4A景区3个、3A景区2

个，有省级乡村旅游重点村2个、省级研学基地2个，省级工业旅游示范基地1个、省级竹林人家12家，农家乐273家。

十三、竹里香街

竹里香街位于宜宾三江新区竹文化生态产业园内，占地58亩，建筑面积4.7万平方米，由20栋中式风格建筑构成。项目总投资约4.5亿元，建设内容主要包括大师工作室、商业街、室外绿化亮化道路等。

大师工作室是竹里香街项目的最大亮点，其功能是进行竹文化特色商品的制作、展示和销售。竹里香街建成后，会定期邀请竹文化大师、专家和学者，讲解和传播竹文化。同时，竹里香街有“三江新区4.0版消费新场景”的全新定位，即在古色古香的商业街区，未来将通过文娱休闲、特色美食、文创集市、新零售等业态，为三江新区市民呈现“新文旅、新文创、新文娱、新食尚、新零集、新集市”六大沉浸式消费场景。

目前，竹里香街按照“首店经济”模式面向全国招商，已引入“言几又文创书咖”、本地3家餐饮品牌、区县特色文旅产品展示商家等。竹里香街正式开业后，将服务三江新区六大产业集群、10余所大学和40余座入住小区，覆盖人群超40万人。

十四、龙头山竹文化公园

龙头山竹文化公园位于三江新区龙头山区域，总面积约10 000亩，其中龙头山上面积约8500亩，龙头山下面积约1800亩，具体范围包括长翠路以东、磅礴路以西、峥嵘路以南、国际会展中心及科技研究中心等城市建设用地以北的区域范围。主要建设内容涵盖市文化馆和博物馆、竹文化博物馆、市规划馆、竹工艺大师工作室、竹主题文化酒店、商业街以及整体景观打造工程。项目建设用地包括公园绿地约1200亩，商业用地约153亩，文化用地约118亩，市政设施用地约17亩，背景竹林约94亩。

龙头山竹文化生态公园的竹文化景观，主要包括竹文化景观、宜宾市博物馆、宜宾市文化馆、宜宾市竹文化博物馆、竹里商街、竹大师工作室、宜宾龙头山度假酒店等7个项目。按照“一溪串珠，园中布园”的设计理念，重点打造竹茶园、竹屿园、幽篁里、云溪竹园、竹影荷香园、岁寒三友园、丝竹苑7个“园中园”景点。核心区建设“竹径茶语、竹屿琴音、竹里梅红、梧竹幽居、云溪竹径、竹深风荷”6个景观节点。

2021年10月，龙头山文化公园建成并投入使用，不仅吸引了本地市民纷纷前来参观，也招徕了大量外地游客，带动了三江新区吃住行游购娱消费，让很多人了解到，三江新区不仅有产业、有大学城和科创城，也在把环境做优做美。好的公园、好的休闲娱乐设施，实实在在地提升了居民的幸福感和归属感。

十五、宜宾博物馆

宜宾博物馆于1983年8月创建，1984年10月正式对外开放。属宜宾地区、宜宾市双重领导，业务面向全区。2018年9月，被确定为国家二级博物馆。建筑布局宜宾博物馆占地49亩，维修庙群为馆舍，建筑面积约4000平方米，其中展厅面积约2000平方米，库房面积约800平方米。

宜宾博物馆馆藏文物有5000余件，三级以上文物有500余件。主要是历代陶器、瓷器、铜器和书画，其中，以汉代岩墓出土文物最富特色。从1984年起先后举办过“宜宾地区汉代出土文物展览”“川南古代铜鼓展览”“宜宾历史文化名城展览”“蜀南竹海展览”“宜宾地区自然资源开发利用展览”“南方丝绸之路古币展览”等。其中，“宜宾酒史展览”曾赴深圳展出，对推动中国酒文化的研究起到了促进作用；“蜀南竹海展览”曾赴北京展出，对竹海旅游胜地的宣传和竹文化的研究做出了贡献；“宜宾历史文化名城展览”开国内历史文化名城专题展览的先河，获得了大批专家学者和广大观众的赞许。

这三个展览已作为长期性的展览保留，对外开放，“酒史”和“名城”两展览将进一步修改、充实，作为该馆的基本陈列。

宜宾市・长江之头

·第二章·

翠屏　长江首城

翠屏区位于四川盆地南部，宜宾市中部偏北，地跨北纬28°32′~29°02′与东经104°24′~104°54′之间。东西宽51千米，南北长53千米。翠屏区是现宜宾市政治、经济、文化的中心。秦于此处置僰道县，北宋徽宗政和四年改称宜宾县。1997年，撤销县级宜宾市设立翠屏区，其总面积为1259平方千米，2020年户籍人口88.31万人。截至2021年10月，翠屏区下辖8个街道、12个镇。翠屏区是中国哪吒文化之乡、四川省实施乡村振兴战略工作先进区、四川省全域旅游示范区、成渝地区双城经济圈建设县域集成改革试点县、四川省双拥模范区。翠屏区人民政府驻地为人民路80号。

根据第七次人口普查数据，截至2020年11月1日零时，翠屏区常住人口887 359人。除汉族外，本区还有回、满、苗、壮、白、彝、蒙、藏、侗、纳西、傣、羌、达斡尔、撒尼、土家、布依族这16个少数民族。

翠屏区属于中亚热带气候。因境内江河溪流密布，又有南亚气候属性。雨量充沛、热量丰足、雨热同季。全年无霜期达到344天，这种气候特征对农业生产极为有利。全区资源丰富，区位独特，具有良好的发展前景和综合竞争力。

翠屏区是宜宾经济强区，为全国百强区之一。该区一二三产业全面发展，其中农业以粮油、畜牧、林业、水果、蔬菜、蚕桑等为主，文旅资源十分丰富，文教卫生事业发达，商贸活跃繁荣。

2021年，翠屏区地区生产总值1164.45亿元，按可比价计算，比上年增长10.5%；其中第一产业增加值45.04亿元，增长7.1%；第二产业增加值740.28亿元，增长10.2%；第三产业增加值379.13亿元，增长11.5%，三次产业结构调整为3.9∶63.6∶32.5，全区经济在总量、增速、质量、效益等方面持续改善。

同年，全年民营经济增加值完成609.21亿元，增长11.1%，占GDP比重52.4%。其中第一产业10.91亿元，增长4.9%；第二产业387.13亿元，增长14.6%；第三产业211.17亿元，增长5.9%。三次产业结构为

1.8：63.5：34.7。[①]

2022年，翠屏区地区生产总值1166.1亿元。[②]

第一节　发展定位

一、目标定位

1．天府旅游名县。

2．文化旅游强区。

3．长江起点国际生态文化旅游目的地。

二、形象定位

“长江首城·中国酒都”：这个形象定位，着重突显翠屏区的区位优势和产业特色，给人留下深刻难忘的印象。

三、空间布局

整体形成“1122”的空间结构，即“一城一区两镇两带”，逐步形成以主城区、大景区为核心，宜长路、金秋大道、G247等重要道路为脉络，各类主题园区为重点，各旅游村镇、旅游点、旅游民宿为依托，全域发展的旅游产业大格局。

1．“一城”：长江首城——翠屏区主城区。

2．“一区”：五粮液文化旅游园区。

3．“两镇”：李庄历史文化名镇和白花红色旅游小镇。

4．“两带”：宜长兴乡村旅游示范带和北域生态旅游示范带。[③]

① 出自2020年宜宾市文旅资源普查资料。

② 数据由今日头条号缩缩经略、宜宾头条于2023年2月4日发布。

③ 出自《宜宾市“十四五”文旅发展规划》。

第二节　资源和产业

一、资源概况

翠屏区拥有良好的自然生态环境及旅游资源优势，三江（金沙江、岷江、长江）环抱、三山（翠屏山、真武山、催科山）耸峙、三塔（白塔、黑塔、旧州塔）鼎立，雄奇的自然山水，独特的酒文化、茶文化、抗战文化、佛教文化、饮食文化、建筑文化和民俗文化相互辉映，是“国家历史文化名城”和“对外开放旅游城市”。

现已查明，全区共有文旅资源5639处，其中文化资源4502处，旅游资源1137处。因地理区位的重合，翠屏区的文旅资源，与宜宾地级市在统计时有部分数字交叉重叠，无法截然分开。

（一）文化资源

目前，翠屏区有：文化资源有4502处（包括翠屏区和临港经开区，不含81处消失文物）。其中含古籍、地方戏曲剧种、非物质文化遗产、文物四大类，其中国家级资源21个，省级资源47个，市级资源517个，区（县）级资源共29个。

非物质文化遗产18项，其中国家级1项，省级7项，市级3项，区级7项。地方戏种（川剧表演）1种。包括：五粮液酒传统酿造技艺（国家级）、宜宾面塑（省级）、叙府龙芽传统制作技艺（省级）、思坡醋传统酿造技艺（省级）、宜宾燃面传统制作技艺（省级）、川红工夫红茶制作技艺（省级）、“叙泸河”川剧艺术（省级）、李庄草龙舞（省级）等。

可移动文物共3657件，其中三级文物有496件，二级文物有30件，一级文物有14件，其余均为未定级文物。按类别统计，以纸质类文物为主，共1201件，占32.8%。按年代统计，主要是近现代文物，有1250件，占34.2%。翠屏区一级文物有1963年董必武《吊赵一曼烈士》行书文卷、1964年陈毅行书为赵一曼烈士题词、1962年郭沫若行书文卷、1964年何香凝行书文卷、1963年宋庆龄行书为赵一曼烈士题词、1963年朱德行书赵一曼纪念馆横幅、近代赵一曼《中山中学开校记》手稿、1961年朱德行书赵一曼烈士题词、近代刘亚雄致赵一曼的书信、近代坤泰致二姐书信（残）、1926年郑佑之致肖简青书信、东汉建初四年朱提造作双鱼铜洗、唐敦煌写本《妙法莲华经》残卷、东汉伏羲女娲石棺共14件。

现存不可移动文物点743处。有五粮液老窖遗址、真武山古建筑群、宜宾大观楼、旧州塔、流杯池及其石刻题记、中国营造学社旧址、旋螺殿共7处全国重点文物保护单位，以及翠屏书院、“德盛福”“元兴和”酒窖等11处省级文物保护单位，百二河山坊、华藏寺等18处市级文物保护单位，以及永生公馆、叙府会馆等20处区级文物保护单位。

（二）旅游资源

旅游资源有1137处。其中，优良级299个，占比26.3%，五级旅游资源18个，四级旅游资源36个，三级旅游资源245个，二级旅游资源425个，一级旅游资源413个。

翠屏区旅游资源定级评价结果中一级资源占比最高，占总数的36%；优良级资源占比分别为22%、4%、1%。定级评价按照八大类型划分，地文景观类资源定级主要集中在一级和二级资源，分别为18个、18个，占地文景观资源的41.86%、41.86%；水域景观类资源定级主要集中在一级和二级资源，分别为44个、60个，占水域景观的34.65%、47.24%；生物景观类资源定级主要集中在一级和二级资源，分别为41个、18个，占生物景观的62.1%、27.3%；天象与气候景观类资源定级主要集中在三级资源，为2个，占天象与气候景观的50%；建筑与设施类资源定级主要集中在一级和二级资源，分别为227个、235个，占建筑与设施类资源的36.38%、37.66%；历史遗迹类资源定级主要集中在一级和三级资源，分别为71个、50个，占历史遗迹类资源的35.22%、30.82%；旅游购品类资源定级主要集中在一、二级资源，为24个、33个，占旅游购品类资源的28.9%、39.76%；人文活动类资源定级主要集中在二、三级资源，为13个、15个，占旅游购品类资源的41.94%、48.39%。[①]

① 出自2020年宜宾市文旅资源普查资料。

二、产业发展

翠屏区现有国家4A级旅游景区李庄古镇、流杯池公园、五粮液景区；国家3A级旅游景区天池公园；国家2A级旅游景区佛现山；6家星级饭店，25家旅行社；四川省5A级特色旅游商品购物点川茶集团科技园，四川省4A级特色旅游商品购物点宜宾长江奇石博物馆；省级乡村旅游示范乡（镇）3个，省级乡村旅游示范村4个；省级乡村旅游特色业态经营点10个；省级星级农家乐66家。

现阶段，全区有乡村旅游A级景区7家，2021年乡村旅游共接待游客1255.8万人次，实现旅游收入98余亿元。

2018年翠屏区旅游人数2194.15万人次，比上年增长9.8%，其中国际旅游者旅游人数0.6万人次；全年实现旅游总收入218.37亿元，增长28.5%。（因行政区划调整，2019年与以前数据未做纵向比较）2020年，受新冠肺炎疫情影响，翠屏区全年旅游人数1567万人次，比上年下降17.1%，全年实现旅游总收入170亿元，下降19.1%。

“十四五”期间，翠屏区旅游产业发展将继续保持快速增长，力争年接待国内外游客量增长10%以上，旅游综合收入增长12%以上，到2025年，实现接待旅游人次达到3115万人次，旅游总收入突破380亿元，旅游综合实力不断增强。

第三节　文旅特色

一、特色文旅

翠屏区文旅资源以历史文化、红色文化、抗战文化、道教文化为主要特色。古建筑、酿造工艺、哪吒文化、手工技艺等均为漫长的历史文化所孕育。

其中，旅游资源特色主要体现在水域景观、人文景观、康养生态地、特色村寨、特色农业园区、物质文化遗存、特色美食、农特产品、节事活动等方面，其中又以人文资源居主导地位。

二、地方特产

有宜宾芽菜、宜宾面塑、宜宾红茶、叙府大曲、叙府茶业、思坡醋、甜黄菜、邓公液、李端白酒、枸杞酒、永兴莲藕、牟坪柑橘等名特优产品。

三、美食美味

有宜宾燃面、戎城坊大头菜、宜宾叙府糟蛋、李庄“大三白”（白砍鸡、白砍兔、白花生）、玫瑰紫薇饼、金钱酥、南瓜烧田鸡、兰香斋熏肉、肥肠水粉等。

四、非物质文化遗产

翠屏区非物质文化遗产共计29项，国家级1项、省级6项、市级12项、县级10项。其中，国家级、省市级非物质文化遗产主要有：蒸馏酒传统酿造技艺（五粮液酒传统酿造技艺）、龙舞（李庄草龙）、宜宾面塑、宜宾燃面传统制作技艺、四川绿茶制作技艺（叙府龙芽传统制作技艺）、醋传统酿造技艺（思坡醋传统酿造技艺）、川红工夫红茶制作技艺、川红工夫红茶制作技艺、哪吒传说、叙府糟蛋传统制作技艺、德盛福·元兴和酒传统酿造技艺、宜宾芽菜制作技艺、王场豆腐干制作工艺、邓子均传统酿酒技艺、川南古琴、兰香斋毛条牛肉传统制作技艺、窖香宜宾芽菜传统腌制技艺、艸雕雕刻技艺、李庄白肉传统制作技艺、宜宾王氏糖画等。①

第四节　景区景点

景区景点：翠屏山景区、李庄古镇、三江新区、金秋湖云辰田园综合体、白花赵一曼故居、三江汇合口、李庄文化抗战博物馆、大观楼、真武山

① 出自2020年宜宾市文物普查资料。

寺庙群、旋螺殿、金兰花谷、叙府茶庄、永兴荷海、凤垚香谷水世界、常生山水印象景区、茶园牧歌景区、幸福胡坎景区、佛现山景区、宋家安石村景区、牟坪橘香小镇等。

一、三江汇合口

金沙江、岷江、长江在翠屏区合江门地带汇流，三江汇合视为长江的源头，并以此形成三江六岸共生，三山三水（真武山、翠屏山、白塔山、金沙江、岷江、长江）的独特风水格局，堪称世界级水域奇观。

2022年6月8日下午，习近平总书记曾到此视察调研，对长江生态保护发表了重要讲话，明确要求宜宾要“筑牢长江上游生态屏障，守护好这一江清水”[①]。

二、李庄古镇

李庄古镇位于宜宾浩荡长江的南岸，因境内有一天然大石柱，俗名“李庄”而得名。

李庄古镇是我国抗战文化大后方的四大文化中心之一（曾与重庆、成都、昆明相提并论），同济大学就曾搬迁到此落户，因此，到现在李庄和同济还有着深厚的情谊。

李庄古镇看点有四：看老街、看民居、看抗战遗址、看庙宇。由于保护得当，李庄依然保持着清代的建筑设计风格。李庄有“三白”非常出名，即白酒、白肉、白糕。

李庄是一个人口仅1.2万人的历史古镇。错落有致的木阁楼、青石板铺就的狭窄小巷、高大的木门槛和沉重的木门、一座座造型精美保存完好的古宅古庙，使它在全国声闻遐迩，更使其成为省级历史文化名镇。因此，民间流传有“东有周庄，西有李庄”之说。

①《推动长江经济带高质量发展》，见《人民日报》（2022年6月12日第1版）。

三、中国营造学社旧址

学社旧址位于翠屏区李庄镇上坝村月亮田，为两个相连的小院。1940—1946年，营造学社的梁思成、林徽因、刘敦桢、陈明达、刘致平、莫宗江、罗哲文等中国建筑史学界的前辈曾经在此工作、学习和生活过，他们以先进的研究方法和严谨求真的治学精神，为中国古代建筑史研究做出了的重大贡献，让后人景仰和效仿。

营造学社于2021年已经重新修建于李庄月亮田景区，成为李庄新景点之一。

四、旋螺殿

旋螺殿坐落在翠屏区李庄镇南2.5千米处，石牛山下一巨石上。此殿为明代所建形如旋螺的古建筑，又名文昌宫。

旋螺殿为三重檐八角攒尖顶，高25米，屋面铺筒瓦兼小青瓦。殿平面呈八方形，面阔、进深均为8米。顶部藻井，八面均用斗拱。其左侧用如意斗拱，右侧斜翅和斗拱后尾向上重叠呈网目状，并向右旋转，形如旋螺，故殿有此名。

五、翠屏山哪吒行宫

翠屏山哪吒行宫为哪吒文化的孕育地。行宫与南广陈塘关、旧州塔、七星山黑塔、天池公园、长江龙骨石等构成了完整的哪吒神话印记。台湾同胞常来此进香凭吊，香火非常旺盛。

现在，叙州区南广镇正在打造哪吒文化旅游特色小镇。

六、冠英古街

冠英古街是宜宾城区保存最完整的清末古街。建于清代，至今已有100多年历史。冠英古街曾经商贾云集、游人如织，经历了多年的繁华后，古街虽慢慢归于平静，但历史留下的痕迹越来越厚重。

2010年年初，冠英古街入选四川省第二批历史文化街区。该区域现在已打造成为集文物建筑、时尚商业、精品酒店、文创商业等功能于一体的“冠英街历史文化特色街区”。

七、五粮液明清窖池群

窖池群已有600余年历史。作为中国现存最为古老的地穴式曲酒发酵酒池，被称为“五粮液基础的基础，精华的精华所在”。包括了长发升、利川永等知名窖池，是世界名酒五粮液的核心窖池群。

窖池中的窖泥整体由弱酸性黄泥黏土制成，含有铁、磷、镍、钴等多种元素，发酵中会产生种类繁多的微生物菌落和香味物质，这正是五粮液浓香天下的奥秘。现由五粮液的501酿酒车间管理生产。

八、江北流杯池公园

流杯池公园位于上江北天柱山下。公园中有一巨石，中劈为三，形成两条天然峡谷，右面一峡谷，中成小溪，有清泉自谷底缓缓流出，几经回旋，流入谷底。谷底破壁高飞有20余米，仰视蓝天一线。步入谷底，两旁峭壁清露嘀嗒，凉风习习，顿觉浑身清爽，是绝妙的避暑胜地。

宋哲宗元符元年（1098年），大诗人、大书法家黄庭坚（字鲁直，号山谷道人，涪翁）贬谪戎州，在此寓居三年。他利用这一天然奇观，仿王羲之《兰亭集序》中“流觞曲水”之意境，凿石引水为池，成九曲形，长5.2米，宽0.5米，深0.55米，池边设石磴八个，常聚友围坐，作流杯吟咏之乐。有诗记咏此事：“委尘名士已千秋，一爪遗恨胜迹留。如此岩泉谁领略，流杯尚忆晋风流。”

现有历代名人诗文书法石刻遗迹98幅，字迹可辨者61幅。园内文化遗迹繁多，历年培植，建成公园，面貌一新，游客日盛。

九、天池公园

天池公园位于宜宾城西郊，亦名凌波池，西湖。湖中横巨石，状若桥梁，将池一分为二。内池广一里[①]，长5里，外池广1里，长3里，水深数丈。天池成因其说不一，有说为金沙江古河道变迁而成，有说为荷花女抗拒财主的歹心，天仙帮助，怒沉财主庄园而成。

天池公园内遍布荷花，花艳鱼肥，景色迷人，可与浙江绍兴的鉴湖相媲美。现辟为天池公园，湖光山色、楼台亭阁掩映其中，吸引了不少中外游客。

十、云辰园林田园综合体

四川云辰园林科技有限公司成立于2008年，是一个拥有园林科研、规划设计、工程施工、苗木基地全产业链的全国大型科技园林企业，是国家高新企业、国家林业重点龙头企业、国家林业标准化示范企业、国家知识产权优势企业。

云辰园林田园综合体位于翠屏区金秋湖镇，该项目于2018年投入建设，规划用地11 500亩，计划总投资20亿元。项目以农业发展为主干、以科技创新为支撑、以“一园三区五海”为依托，培育珍稀彩叶植物、林下间种早茶，打造集田园观光、综合体验、生态旅游为一体的国家5A级乡村旅游示范区。现拥有生态苗木基地15个，面积4万余亩，苗木200多种，其中60%为国家珍稀保护植物，创建了以宜宾市兴林乔木产业技术研究院为代表的5个行业科研平台。

该综合体持续开展林下特色种养殖，探索森林科普教育和开展特色林下体验，打造近郊基地生态旅游产品。

十一、义兴农业茶叶基地

义兴农业茶叶基地位于宜宾市翠屏区金坪镇，分布在菜子村和罗家村，现有投产规模2000余亩，下一步准备扩展至1万亩。

目前，茶叶基地茶树连片种植，采取了紫薇茶叶、桃花茶叶套种的模

---

① 1 里=500 米。

式，形成了特色经济林产业与茶产业发展相得益彰的林茶景观带，呈现出一片郁郁葱葱、错落有致的田园画卷。除了茶叶种植外，还进行茶叶加工和乡村旅游接待。茶叶品种主要为“道秘”绿茶、红茶，茶园里修建了玻璃栈道、观景亭、游步道等旅游设施。

十二、宜宾文脉大道

僰道历史文化街区——文脉大道建设项目，位于翠屏区岷江西岸，起于酒之源广场，止于冠英古街，长约2.2千米，总投资3亿元，2020年初重点对该区域文脉梳理和沿线临江居民楼进行风貌整治。

该区域重点围绕两大核心文化地标——“江之头”（万里长江零公里起始地）、“酒之源”（五粮液白酒朝圣地），以一楼（夹镜楼）一街（冠英古街）十二文物古迹（利川永、刘鼎兴、韦皋纪功碑、明代古城墙、华藏寺、武庙、百二河山、“固圉”水城门、元代烧酒坊、长发升、王爷庙、花台寺石刻）为重点进行文化旅游形态规划和建设。

文脉大道业态布局为“三区十二坊”，在僰道展现宜宾的酒茶文化、古城文化以及大江文化，并把宜宾特色传统非遗通过“戎州十二坊”展示出来（十二坊：茶坊、酒坊、酱坊、豆坊、卤坊、竹坊、木坊、面坊、糕坊、绣坊、醋坊、书坊）。

项目将打造为一个集历史文化、旅游休闲为一体的人文生活场景体验区。

十三、安石村振兴示范村

安石村位于翠屏区“中国·李庄”古镇西南，距离李庄6千米，因红岩山脊神似马鞍而得名“安石”。这里村落宁静，安如磐石，承袭了李庄的质朴和文化古韵。这里的乡村肌理完好，丘陵地带、丹霞地貌，帅家沟水库、梯田、山林、宅院等，保留着原始的乡村风貌。2020年，安石村荣获四川省实施乡村振兴战略工作示范村、四川省首批乡村治理示范村。

2020年，是安石发生巨变的一年，在“长江生态保护，十年禁渔”以及“确保粮食安全”等背景下，宜宾市委、市政府决定以“酒乡渔美”为主题在安石村开启乡村振兴的篇章。在翠屏区委、区政府的推进下，项目于2020年4月全面启动。目前，财政投入1500万元，带动企业投资6000万元，通过“四方共建”（村集体经济组织、村民主体+投资建设公司、专业文旅公司）的运营体制，现已完成一期建设1367亩。安石村注重开发具有特色的高质高效农业。目前已注册“石里稻场”米品牌、“安沁”酒品牌、“渔先生”鱼品牌等衍生农创、文创产品，并入驻电商平台，探索出了“稻鱼共生、粮经复合、文化附加”的产业发展路径。2020年带动南域周边建成酿酒专用粮基地5万亩、稻渔综合种养1万亩，项目区实现渔产213万元，农业产业进一步提档升级。

安石村出产五粮液酿酒专用粮，并依托本地稻田资源和田型，发展起了水田稻渔共生、农家林果家禽的特色农业体系。通过村集体经济组织、村民主体、投资公司、文旅公司“四方共建”的运营体制，安石村启动“酒乡渔美”项目，并完成了一期建设1367亩，已形成“四区两线”，即稻鱼共生区、渔业生态区、大地艺术区、山径漫步区，以及文旅休闲线和田园体验线，入驻和即将入驻的业态包括竹艺研究中心、鱼食坊，民宿、书店、酒吧等，并开发了以文创团队入驻运营为主的“十院十景”文创院落。随着“四区两线”的投入运营，全村将实现集体经济收入1000万元、返乡就业创业100人、带动村民人均增收2000元以上。安石村距离国家4A级景区李庄古镇相隔6分钟车程。

十四、宜宾竹文化博物馆

宜宾竹文化博物馆位于三江新区长翠路东侧，是宜宾市建设的一个竹工艺、竹文化场馆。该馆占地50亩，规划设计了竹艺发展展厅、竹艺多功能厅、公共大厅、地下停车库、休闲广场等。

竹文化博物馆总建筑面积14 692平方米，建设内容包括竹艺发展展厅、竹艺多功能厅、公共大厅、地下停车库、业务用房等。

十五、李庄文化抗战博物馆

李庄文化抗战博物馆位于“万里长江第一古镇”李庄镇，是宜宾市境内一座以抗战文化为主题的博物馆。其建筑面积为10 160平方米。2022年4月26日，李庄文化抗战博物馆正式开馆，面向公众开放。当天，“情系家国·薪火永续”李庄文化抗战博物馆、中国营造学社陈列馆开馆仪式在宜宾市翠屏区李庄古镇月亮田景区举行。

该馆一楼以“文化脊梁·中国李庄”为主题，分为序厅、家国情怀·大义李庄、风雨共济·文化抗战、星火永续·共谱华章和尾厅五大部分，系统回顾李庄文化抗战历史。

从新思想萌芽到名家大师的来川，博物馆内的陈列诉说着李庄的过往，折射出中华民族在逆境中百折不屈、敢于斗争的拼搏精神。李庄文化抗战博物馆展出实物档案474件，从一个播撒红色火种的千年古镇、一群耕耘中华文化的大师学者和一方胸怀家国大义的黎民百姓三个维度，对1940—1946年期间的文化抗战历史做了一个总的回顾。

馆内相关文史资料、文化物品无不彰显出李庄在延续中国文脉方面做出的巨大贡献。

十六、赵一曼故居

赵一曼故居位于翠屏区白花镇一曼村一曼组伯阳嘴，是一座规模较大的旧式川南民宅建筑，始建于清代，坐北向南，土木结构悬山式，总占地面积2072平方米，建筑面积1100多平方米。

故居是赵一曼烈士的出生地和主要成长地，距叙州区约80千米，建筑占地近5亩，2002年被四川省人民政府公布为省级文物保护单位。赵一曼故居存有大量赵一曼遗物。白花镇一曼村的“一曼”二字，是二十世纪七十年代当地政府为纪念赵一曼烈士，将原黎明大队更名为“一曼大队”而来的。

故居带有明显的庄园性质，有用于祭祖的正屋，有用于居住的厢房，有进行药铺经营和私塾教育的房间，有碾米磨面的碾房，有酿酒的糟坊，也有长工居住的地方，还有用于安全防护的围墙等，并培植有桢楠和桂园树等名贵树种，规模甚大。

赵一曼出生于1905年，逝世于1936年8月2日。保护开发为2013年9月至2014年8月，原宜宾县人民政府对赵一曼故居进行了修缮保护。其消防、防雷、安防、布展工程已全面完成，2014年9月对公众实行试运行免费开放，在2015年10月25日，赵一曼诞辰110周年之时正式免费对外开放。

为了纪念这位巾帼英雄，在赵一曼故居新建占地面积为10亩的赵一曼纪念园，纪念园于2015年12月开工，2016年工程竣工，总投资270万元，其中革命老区促进会项目资金226万元，其余经费由原宜宾县自筹。

纪念园以浮雕、碑林为主，包括党和国家领导人题词，赵一曼战友及红二代的题词，鲁迅文学奖得奖诗人、白花诗人纪念赵一曼的诗作等内容，全年无休对公众免费开放。2005年赵一曼故居被立为市级爱国主义教育基地，2002年被四川省人民政府公布为省级文物保护单位。

2005年3月，宜宾县赵一曼纪念馆（故居）项目，被国家发改委、中宣部、财政部、交通部、国家旅游局、国家文物保护局以发改办社会〔2005〕237号文列入全国100个红色旅游经典景区。赵一曼故居自2014年9月试运行免费开放以来，据不完全统计，共接待全国各地干部群众、企事业单位、中小学生和社会各界人士近28万人次。

十七、橘香小镇景区

橘香小镇景区，位于翠屏区牟坪镇龙兴村。牟坪镇资源丰富，土地肥沃，素有“翠屏粮仓”之称，境内溪河、水库、山坪塘星罗棋布，自然景观美不胜收，有“绿色长廊之乡”“川南橘乡”“省级生态示范镇”等美誉。

橘香小镇景区具有优良的生态环境、丰富的乡村自然人文旅游资源。景区内森林覆盖率高，景色秀丽，草木葱茏，环境优美，空气清新。景区所在的龙兴村田园气息浓厚，既有绵延起伏的丘陵、清澈流淌的小河，更有充满乡土气息的果园、农田、林地、农舍等，这种乡村景观兼具经济、生态、社会和美学价值，对久居城市的游客具有强烈的旅游吸引力。

橘香小镇地方文化丰富，保留有浓厚的川南地方民俗文化，如烧火龙、闹元宵、耍花灯等，景区还在打造中，通过墙绘、创意景观小品、文化走廊等突出展示地方传统的农耕文化、善文化以及小镇的“柑橘文化”，整个景区村容整洁、乡风文明，自然与人文协调统一。游客在景区能够感受到浓浓的“乡情”“乡文”“乡俗”“乡景”。

小镇景区通过合理规划建设，新打造了柑橘基地、三角梅基地、李子园、红高粱基地等特色乡村旅游资源，成为游客感受乡村产业发展、体验美丽新农村变化的好去处。景区所在的牟坪镇龙兴村目前已完成5000亩柑橘基地建设，建成了川南最标准的柑橘示范园，全力打造特色“橘香小镇”，“川南橘乡，醉美牟坪”的旅游形象已深入人心。特别是景区依托现代农业科技发展柑橘产业，创建了中国柑橘栽培创新转化院士工作站川南示范基地，引入了“金煌”等我国具有自主知识产权的柑橘优质品种，使景区成为农业科技创新、生态科普教育的重要基地。

景区的三角梅基地有数十种三角梅产品，并引进国内外三角梅品种80余种，已建成了三角梅科普展销中心、三角梅繁育大棚等，拟打造为四川首个以三角梅为主题的，集科普、观光、婚纱摄影、产销研相结合的三角梅农旅融合发展示范基地。

景区的优质李子园采摘基地共有400余亩，风景优美，游客可以在这里“春赏花、夏品果、秋养生”，体验乡村农耕生活。

此外，“宜长兴”五粮液酿酒专用粮基地建设农业工程在这里建设有1000亩柑橘垄式间作酿酒高粱基地，通过将酿酒专用粮基地建设与休闲观光旅游、田园文化等元素有机结合，让游客不仅可以欣赏到壮观的红高粱基地，还可以参加红高粱摄影比赛、观看红高粱收割等活动。

同时，小镇景区自建设以来逐步完善了环境保护的相关制度，坚持“保护优先、自然和谐、生态环保”的方针，在景区项目建设中顺应自然，讲究与环境的协调，加大了对景观、生态、环境的保护投入，使景区的生态环境保持优良。

十八、永兴荷莲文化节

永兴镇位于翠屏区东部，距宜宾市中区37千米。因盛产莲藕，又被称为“西部藕海”“西部藕乡”“川南藕乡”。永兴荷花，以其万亩生态荷塘美景，每年吸引着全国各地慕名前来的游客。每到仲夏，万亩荷花次第开放，一碧万顷的荷塘，颇有“接天莲叶无穷碧，映日荷花别样红”的壮丽。

从2010年永兴荷莲文化节开幕以来，永兴镇的荷花便在全国大放异彩。在2010—2017年间，永兴镇已经成功举办了八届“荷花节”。每年的荷花节都会推出不同的活动，如荷花仙子选拔赛、美丽宜宾摄影书画展等，吸引着八方游客纷至沓来。荷莲文化节的发展，推动了永兴镇招商引资和发展乡村特色旅游。

翠屏区 · 李庄春晓

·第三章·

叙州　世界樟海

叙州区位于四川盆地南缘，长江上游，金沙江、岷江下游，川滇两省结合部，东接宜宾市翠屏区、自贡市富顺县，西接屏山县、乐山市沐川县和乐山市犍为县，南接高县和云南省昭通市水富市、盐津县，北与荣县相邻。区境南北长东西窄，南北最大纵距108千米，东西最大横距69千米，介于北纬28°18′~29°16′，东经104°01′~104°43′之间，总面积2570平方千米。下辖乡镇（街道）17个，其中3个街道、12个镇、2个乡。截至2021年末，叙州区总人口为100.23万人。叙州区人民政府驻地为柏溪街道县府路23号。

叙州区是农业大区，一直是粮食主产区；樟油产量占全省70%以上，为全国之冠。生猪、花生产量均居全省第一位。近些年，叙州区大量招商引资，发展起了城北新区、高捷园区、高铁经济区三大园区。

2021年，叙州区地区生产总值（GDP）突破560亿元，达563.62亿元，按可比价格计算比上年增长8.0%，两年平均增长5.3%。其中，第一产业增加值55.88亿元，第二产业增加值278.11亿元，第三产业增加值229.63亿元，三次产业结构为9.9：49.3：40.8。

2022年，叙州区地区生产总值达572.1亿元。①

叙州又名僰道，历史悠久，自西汉高后六年（公元前182年）建城已有2000多年历史，涌现出抗日民族女英雄赵一曼（原宜宾县人）、近代工人运动领袖刘华、秋收起义总指挥卢德铭（原宜宾县人）、川南农王郑佑之、古建筑学家罗哲文等历史文化名人。

叙州区不仅资源丰富，有植物资源800余种、动物资源300多种，而且历史文化深厚，风景名胜、文物古迹众多，旅游资源丰富，境内有“百里翠湖”的越溪河，有石城山、有千余座岩墓，有太平军冀王石达开征战的古战场和军事堡寨，有茶山云海天宫山，有旅游风景名胜地少娥湖等。

① 数据由今日头条号缩缩经略、宜宾头条于2023年2月4日发布。

第一节 发展定位

一、目标定位

1. 长江上游生态旅游目的地。
2. 文化旅游强区。
3. 国家全域旅游示范区。
4. 天府旅游名县。
5. 长江上游优质旅游发展先导区。①

二、形象定位

“长江首城·宜人宜宾”：叙州区的形象定位，直接采用了宜宾市对外宣传的形象定位，没有新的提法。②

三、空间布局

叙州区结合旅游总规进行功能分区，依托旅游资源禀赋、交通条件、经济联系和旅游发展基础，优化产业布局，构建“一核引领、两脉延伸、四集群协同、一环贯通”的旅游空间布局。

1. “一核引领”：“三江龙头”都市旅游依托叙州中心城区基础，深挖文化底蕴，整合提升各大旅游资源，打造川滇区域性旅游集散、形象展示、综合服务的核心——“城市会客厅”。

2. “两脉延伸”：岷江田园绿脉和金沙江历史文脉依托岷江流域良好的自然资源田园风光、金沙江流域厚重的历史文化底蕴，串联农业生产区、生态观光区、文化体验区，形成交融山水人文、连接城乡发展的绿脉和文脉。

3. “四集群协同”：两江锦绣田园休闲经济集群、两海一河生态康养度假集群、古驿道人文风情体验集群和红色研学主题教育体验集群，整合叙

---

①② 出自《叙州区“十四五”文旅发展规划》。

州全域旅游资源分布情况，优化旅游环境，完善相关公共配套服务，构建主题突出的四大功能集群。

4．“一环贯通”：全域旅游大环线依托叙州现状/在建/规划交通体系，构建结构合理、功能完善、特色突出、服务优良的“快进慢游”全域旅游大环线，串联叙州全域景点资源。①

第二节　资源和产业

叙州区历史文化深厚，风景名胜、文物古迹众多，旅游资源丰富。区内有“百里翠湖”的水上旅游胜地越溪河；有以清幽奇险闻名，被古人诗赞为“镇压西南天半壁”的石城山，现被列为省级森林公园；有汉至明代凿于悬崖峭壁上的千余座岩墓，其石刻画像内容丰富，形象逼真，堪称一绝；有被列为省级文物保护单位的黄伞岩墓群；有太平军冀王石达开征战的古战场和军事堡寨；有近几年开辟为疗养旅游风景胜地的少娥湖；还有一座尚待开发的旅游胜地黄山。初步形成了层次分明，集自然景观、人文历史为一体的特色旅游格局。

一、资源概况

叙州区是宜宾市面积和人口大区，行政区划多次调整变动。目前，全区已查明共有文旅资源6331处。其中文化资源5129处，旅游资源1202处。

（一）文化资源

文化资源有5129处。包括古籍、地方戏曲剧种、传统器乐乐种、非物质文化遗产、文物五大类共4865个。其中古籍3455册（正在开展调查整理）、地方戏曲剧种1种，传统器乐乐器1个（演出团体）、非物质文化遗产28个，可移动文物497个，不可移动文物883处，消失文物127处。上述文化类资源中，中

① 出自《叙州区“十四五”文旅发展规划》。

国世界文化遗产预备名录1个（同时为省级文物保护单位），国家级（一级）7个，省级（二级）37个，市级（三级）161个，区（县）级及一般文物374个，共579个，约占总数的11.9%。“人文内涵”丰富，古镇文化、东楼文化、文保单位、非遗孕育叙州多彩的文化；红色文化资源脉络完整、载体众多。

（二）旅游资源

旅游资源有1202处。以山岳景观，丘陵景观，沟谷景观，喀斯特地貌景观，游憩河段，古树名木，纪念、宗教、祭祀活动场所，特色农家乐，特色文化，特色农业园区，历史建筑这11个方面为特点。重点旅游资源（四级及以上）共13处，其中五级资源4处，四级资源9处。

旅游资源中有优良级旅游资源408个，占33.9%；新发现旅游资源点169个，占14.1%；五级旅游资源8个，约占0.7%；四级旅游资源31个，约占2.6%。全区旅游资源分布于8个大类、18个亚类、65个基本类型，分别占标准分类中大类的100%、亚类的69.2%、基本类型的49.6%。旅游资源品级优质，88%为优良级旅游资源；自然人文辉映的五大类资源足以开发多样化的产品集群；“三江崇山”，长江、岷江、金沙江三江交汇，少娥山、七星山、石城山群山汇聚的生态之城。主要包括：

1．4个长江生态旅游目的地：以长江流域沿线生态旅游作为核心吸引力，建设叙州全域旅游四大核心引爆点。主要为南广文创产业园、天宫山国家级度假区、世界樟海——长滩樟林、横江古镇。

2．10个国家级旅游景区：主要为A级旅游景区、旅游度假区。含少娥山共享田园公园、红色研学教育基地、长江公园、东楼、越溪河竹樟风情画廊、蟠龙书院文化园、七星湖运动公园、石城山、向家坝金沙平湖旅游度假区、大塔荔枝产业示范园。

3．30个区域特色景点及旅游服务节点：主要为各个镇（乡）区域型景区景点、特色小镇、旅游服务节点。包含宜宾高铁枢纽集散中心、黑塔、安边古镇、郑佑之故居、刘华故居、合什面文创产业园、樟海小镇、五粮液酿酒专用粮文化公园、糟坊头酿酒遗址等。

4．50个乡村振兴节点：主要为全域范围内特色乡村、特色产业、特色农庄、乡村旅游服务节点。包含岷江流域蔬菜产业、金沙江沿线古镇村寨、金盆民居、梦缘山谷、幸福公社、千年荔枝沟、凤仪苗寨、仁和古寨、万花谷、彩山景区等。

二、产业发展

目前，叙州区拥有国家A级景区4家、国家4A级景区1家，国家3A级景区4家、省级生态旅游示范区2家、省级文旅特色小镇1个。天府旅游名镇1个、星级农家乐21家、五星级乡村酒店1家、乡村旅游民宿5家、旅行社总社7家、分社7家、网点22家（疫情前67家）。

到2024年，游客接待人数将达到2000万人次，旅游总收入200亿元。成功创建天府旅游名县候选县；国家级旅游度假区1个（天宫山），国家4A级景区3个（世界樟海、永乐古窖文化产业园、南广古镇）、省级生态旅游示范区3个（世界樟海、天宫山茶海、幸福公社），3A级及其以下景区达到10个。2030年，游客接待人数将达到2600万人次，旅游总收入338亿元。国家5A级旅游景区1个（南广古镇），国家4A级景区2个（七星山、金沙平湖）、省级旅游度假区、省级生态旅游示范区10个，3A级及其以下景区达到15个。2035年，游客接待人数达到3000万人次，旅游总收入456亿元。创建国家5A级旅游景区1个（横江古镇）、国家4A级景区、省级旅游度假区、省级生态旅游示范区共4个，3A级及其以下景区达到20个。

第三节　文旅特色

一、特色文旅

叙州区文旅特色主要依托“樟海”“茶海”“花海”“越溪河”良好的生态基底，打造集避暑休闲、生态养生、文化体验、运动探险为一体的“山海相宜·茶樟香宾”综合性康养度假旅游区，对区域内旅游资源进行整合升级，优化公共服务体系。深入挖掘茶马古道、非遗民俗、美丽乡村、天府龙芽、荔枝、油樟等资源，以避暑养生、生态观光、休闲度假为旅游升级转型方向，打造立足川渝、面向全国的旅游观光胜地、避暑养生高地、康体运动美地，构建康养度假集群。

二、地方特产

有柏溪茵红李、黄山茶叶、泥溪晒烟、功夫红茶、冠英米、刘青山大米、顶仙坝大米、今酿造酒、红楼梦酒、少娥啤酒、蕨溪金银花、柳嘉瘦肉型猪、古罗花生、大塔荔枝等。

三、美食美味

有横江眉毛酥、合什手工面、椒盐花生、叙府蹄筋、柏溪潮糕、泥溪芝麻香糕、喜捷砂仁糕、叙府糟蛋、柏溪砂火锅、合什羊杂汤等。

四、非物质文化遗产

叙州区非物质文化遗产共计35项，省级5项、市级8项、县级22项。其中，省市级主要有江河号子（关河船工号子）、龙舞（宜宾小彩龙）、传统民居营造技艺（川南民居木作技艺）、蒸馏酒传统酿造技艺（永乐古窖酒传统酿造技艺）、川剧（叙泸河川剧艺术）、横江山歌、石城山花灯、石城山牛牛灯、说春、合什面制作工艺、眉毛酥制作技艺、蒋氏雕刻传统技艺、仁远堂散结灵制作技艺等。[①]

第四节　景区景点

景区景点：赵一曼学院、郑佑之故居、大塔农民暴动遗址、世界樟海、少娥湖生态旅游区、九彩虹孝文化基地、宜宾东楼、哪吒小镇、天堂湾花

① 出自2020年宜宾文物普查资料。

海、天宫山茶海、顶仙坝金盆屋基、后坝村现代农业园、蕨溪梦缘山谷景区、横江古镇、安边古镇、春风里景区、隆兴地下塔林、喜龙村幸福公社、彩山景区、仙鹅湖油樟庄园、越溪河风光、石城山森林公园、柳嘉仁和寨、向家坝电站大坝、肖公馆等。

一、横江古镇

国家历史文化名镇横江古镇位于叙州区横江镇正义街8号东北方向30米。横江古镇由于坐落在横江河边而得名。

横江古镇游览区1.86平方千米，核心保护区占地总面积225亩，有大街7条，小巷10条，历史建筑规模13 500平方米，历史建筑完好比率90%，是一座保存完整，体系完备的中国古镇，完美呈现出宋、元、明、清等历史长河的烙印。

横江古镇地处横江河岸上一宽阔台地，不仅四周良田万顷，一片葱茏；极目远眺，地广天高，满目生机；而且在历史上，横江古镇还是川滇交界远近闻名的商贸集散地。

新中国成立前数百年间，横江古镇的横江寺规模宏大、香火旺盛。因无史料记载，无从考证。但据碑刻记述，至少在明万年间已立佛建寺、修亭为巷。

二、安边古镇

安边古镇位于叙州区安边镇、川滇两省交界金沙江北岸边、与云南水富市隔江相望。远古时期，安边是僰人居住的地方——“僰人悬棺”的僰人部落。

安边古镇的地理位置非常重要，是金沙江、横江两江交汇的地方，是四川和云南的交界处，历来就是边防重地。秦时，为“五尺道”来往的道口。五尺道是秦代连通川南地区到云南北部的古驿道，是著名的南方丝绸之路的一部分，因为大多都是山路，修起来非常困难，古道只有五尺宽，所以叫做五尺道，也叫做“石门道”。这条古道直达朱提（即现昭通市），因而又有“朱提道”的叫法。而金沙江是川南地区重要的水运通道，横江是四川南部和云南北部商贸来来往往的重要水路，云南昭通地区所产的银和铜，主要就是通过横江运往四川和中原地区的，四川产的井盐也从此地经过横江运往云南。

安边，顾名思义，就是安定边境地区的意思。宋嘉定四年（1211年），四川制置大使置安边司，其后各个朝代，一直都设有驿站在这里。清光绪年间，安边设乡建场，本地人都称其为“安边场”。因为地理位置重要，安边成为货物中转和集散的中心地区。明清至民国时期，是安边场最为兴盛繁荣的时期，南来北往水陆运输的大宗商品，如粮食、木材、布匹、药材、红糖、井盐、畜产、山货、矿产等都在这里集散转运。因此，安边场成为这一带最热门繁华之地。周边的人都来这里交易，就连对面云南水富的乡亲也坐船过来赶场。安边与小岸坝之间的渡船从早到晚横渡，渡口边总是站满了背着背篓或挑着担子等待的乡亲。每天的人流量超过了万人。同时，安边场的大街小巷，米店、盐店、绸布店、粮店、日杂店、缝纫铺、铁匠铺、剃头铺、纸货铺、木器铺、茶馆、饭馆、旅馆应有尽有，生意十分红火。

现在，随着陆路交通的改善，特别是大桥的修建，铁路的畅通，水路交通慢慢地没落了，安边也跟那些因水而兴的其他古镇一样逐渐萧条，现在常住人口也不过几百人。只有那些经历了世事沧桑和岁月风雨保存下来的一些古建筑，还在述说着安边繁华喧嚣的昨天。

安边古镇的曹氏家祠修建于清嘉庆九年（1804年），为砖木结构的合院建筑，中西合璧。院内主楼正门上书写着“平阳世德”，这是因为曹氏先人曹参，是西汉的平阳侯。正堂上书写的“谯郡遗风”，是因为家喻户晓的曹操的祖籍谯郡，也就今天的安徽亳州。而邱家大院则修建于清光绪早期，面向石门江和金沙江汇流处的双江口，主体建筑是纯木结构，雕花窗棂，精美华丽，属于典型的传统式川南民居建筑。“护国战争”时期，这里为川滇兵将的经由之地。发表过讨袁宣言的四川护国军总司令刘存厚后来被封为崇威将军，他在安边住过的院子被当地人称为“将军府”。

三、石城山·崖墓群

石城山位于叙州区横江镇境内，距宜宾市51千米，距叙州区中心44千米；总面积5500亩，其中森林面积4100余亩。石城山有石达开寨门、古栈道、叠翠湖、三股水瀑布、仙女湖、水帘洞、观音阁、滴水洞、万松寺、官家洞、雨思庙、二龙抢宝、曲水流觞、石笋、原始森林、野猴群居区等景观。石城山四周悬崖百丈，易守难攻，因此自古以来都是兵家必争之地。现存的战争遗址有：南寨门、古栈道、白果坪军事城堡。

崖墓群分布于叙州区石城山周围的双龙、横江、复龙三镇境内。墓群共177座，墓为宋至明代僰僚民族墓葬。分别凿造在石城山周围深丘山岩壁和一些独立的大青石上。墓室均为单室，室顶有藻井顶、平顶、拱顶和仿木屋建筑脊梁顶四种。

四、黄伞崖墓群

黄伞崖墓群位于叙州区高场镇岷江对岸，墓群共188座墓葬，分布于黄泥巴坡、印子坡至喳口崖东西长1.2千米范围，距江面高16～40米的坡壁上。崖墓大都由墓道、墓门、墓室及壁龛等组成，极大型的墓还有享堂，呈前堂后室布局，门前凿立双阙。目前未作开发。

五、观音寺

观音寺位于四川省宜宾市叙州区观音镇保卫街龙泉山顶，叙州区观音镇因此寺而得名。现建成面积240平方米，内设大雄宝殿、观音殿、孔圣殿、住宿房、接待室、食堂、卫生间、庙坝。

观音寺始建于元朝年间，旧址在观音镇中学，占地面积约60余亩，常住僧人众多，经各朝代千余年，香火兴盛，曾多次毁于战火，又多次重修，在“文化大革命”时曾遭散僧侣，旧址现已无迹可寻。

现观音寺由明代观音堂改建而成，史载于明代崇祯年间，相传两湖、两广、浙江一带移民来到龙泉山一带，见一小破庙，内有泥塑观音像，于是人们修街建房筑庙宇，原观音堂建成后，属于土木结构，第一次扩建于清朝年间。在1949年因风云政变，佛毁一空，改作储粮和政法机关。1993年，恢复宗教活动场所，并将观音堂更名为观音寺，权属观音派出所，协议为观音寺使用，以捐资和庙会收入对观音寺进行改扩建。观音寺第三次改建于2006年，后也按需进行了局部维修。

六、蟠龙书院

蟠龙书院位于叙州区观音镇蟠龙村蟠龙组（原合众村），书院建于北宋咸丰元年（998年），蟠龙山顶现存留蟠龙寺遗址。北宋祥符九年（1016年），宋贞宗召见建院祖师程士贞，赐“蟠龙书院”匾额，书院从此闻名天下，并与翠屏书院、文印书院、竹枝书院合称宜宾四大书院。

南宋嘉定四年（1121年），求学于“蟠龙书院”的程公硕、程公许、程公说三兄弟同科考中进士。书院名气大振，学徒云集，“蟠龙三进士”留有佳话。咸平元年（998年），程士真在宣化县登龙里莲塘坝（现观音镇蟠龙村，新中国成立后，部分归隆兴乡管辖）见越溪河对面蟠龙寺舍利塔废墟上霞光涌聚，乃令人挖掘，得一石函，中有诗云：“宝塔凌空利似枪，蟠龙顶上育栋梁。踏遍越溪无能及，代代生徒登朝堂。”程士真受此启发，在塔寺遗址上创建蟠龙书院。

明代嘉庆年间，“蟠龙”学子樊垣，再次考上进士，后成为“天下第一清官”闻名于世。万历十二年（1584年），蟠龙书院学徒樊一衡考中进士。万历二十六（1598年）年蟠龙学子尹伸考中进士。

光绪三十年（1904年）蟠龙书院采用新式教育；1907年“川南农王”郑佑之就读于书院；1919年，抗日女英雄赵一曼（李坤泰）也在此书院接受反帝、反封建新思想的熏陶。20世纪30年代，早期地下共产党员彭铁肩、殷文鉴也曾在此念过小学。

该书院从公元998年—1949年6月，有近千年的办学历史，为中华民族文化教育事业立下了丰功伟绩。2019年3月，由区文化广播电视和旅游局牵头，完成了工程项目的项目建议书、立项、可行性研究报告的批复、项目选址、项目土地预审、项目岩土工程勘察、项目图纸设计、审图、工程造价预算、招标代理比选、招标文件的内审工作、施工单位的确定、蟠龙小道设计初稿、展陈大纲初稿。蟠龙书院主体工程建设已于2020年底完工。目前，工程进度已全面竣工。

蟠龙书院主体工程由黉门、二门、明伦堂、半学斋、教学斋、启圣殿、文学阁、藏书阁等载体组成，规划面积6000平方米，建筑用地面积3819.29平方米，总建筑面积1438.38平方米。建设单位为宜宾市正一集团。建设投资约1008万元。

七、向家坝电站坝址

向家坝水电站是我国第三大水电站，位于川滇两省交界处。地处水能丰富的金沙江梯级水电站开发末端，装机容量为776万千瓦，平均发电量307.47亿度，具有发电、控沙、泄洪和灌溉四大功能，是我国西电东送的骨干电源点。

向家坝水电站于2006年11月26日正式开工建设，时任国务院副总理的曾培炎到场讲话。2012年10月10日该水电站首次下闸蓄水，10月16日顺利蓄水至初期蓄水目标354米高程。之后形成电站库区。

向家坝水电站至上海的±800千伏直流特高压国产化示范工程，是目前国内输送电压等级最高、最先进的电力系统。

金沙江下游共建有向家坝、溪洛渡、白鹤滩、乌东德四大电站，总装机容量4781万千瓦，年发电量近2000亿度，相当于两个三峡水电站。

八、七星山森林公园

七星山森林公园位于叙州区七星路东段。这里以森林景观和地貌景观为主，山青岭翠，树密林茂，79科154种森林植物，构成了它绿、幽、静的环境特色，同时也具有众多人文景观。概括地说，这是一个集森林游览、避暑度假、休闲疗养、文化娱乐、名胜观光和科普活动于一体的综合型城郊森林公园。

七星山主要景观除黑塔之外，还有地貌奇观、金坪罐佛群、教堂遗址等。

九、长江国家文化公园

长江国家文化公园位于市叙州区三江路附近。公园建设采取多种现代手法，充分体现现代文明和都市气息。公园分为亲水线、临水线、骑游道，是亲水、健身、休闲的好去处。中央、省委领导多次到此视察。

十、越溪河风景区

越溪河古名叫“拥斯茫水”，又名大牢溪，自荣县入叙州区境内，经合什、征远、柳嘉、沙沟、改进、观音、徐家、隆兴、越溪、古柏、大塔、缸平、黄伞13个乡镇汇入岷江，流长105千米。在叙州区段山清水秀，岩岸千姿百态，风光奇异，景色迷人。有一线巫峡、老熊步水、猕猴垂涎、双凤临河、和尚夜影、铜鼓秋风、丹山碧水、千尺石门、天工石佛等景点。

越溪省级风景名胜区，位于叙州区隆兴乡境内，距宜宾市区35千米，处于叙州区腹心地带。在越溪河下游，乐宜高速公路、成宜高速公路穿境而过，西临岷江下游。景区内，浅丘地貌，山峦相对高度50~100米，海拔296~408米，年均气温17.8℃，降水量1179.5厘米，日照时数1125.8小时，森林覆盖率53.7%（核心景区已达90%）。

目前，越溪河风景区以保护为主，以旅游利用为辅，以供游客游览、观光、度假等旅游利用为主要功能。近期重点建设交通线两侧绿色生态走廊，构建当地特色和景观性的风景绿带、蓝带。

十一、仁和寨景区

仁和寨位于叙州区柳嘉镇境内。仁和寨属于建筑与设施主类，特色镇、村（寨）亚类，古镇古村（寨）基本类型。天启年（1672年）开始修建仁和寨，是本地绅士蒋、宋、郑、廖四大家族出钱出力修建而成。

仁和寨是用来抗击土匪、强盗的军事堡垒，整个寨子126亩，只有前后寨门才能入寨，四面悬崖峭壁无路可行，实属“一夫当关，万夫莫开”的天险之地。建筑粗犷坚固，保存较好，城墙有3~5米厚，遗址保留至今。目前，仁和寨已进入实质性开发阶段。

十二、世界樟海景区

油樟是中国特色天然香料树种，原产地为四川省宜宾市，亦称“宜宾油樟”。宜宾是全国最大的油樟集中分布区，现有油樟资源面积54万亩，占全国油樟资源的85%；樟油年产量1.1万吨，占全国的70%。

油樟全身是宝，枝、叶、干、皮均可提取芳香油，尤以叶子含油率最高，其主要成分1，8-桉叶油素在国际市场属免检产品。宜宾先后获得“中国特色农产品优势区”“中国地理标志证明商标”“国家林业产业示范园区”等殊荣。2021年，实现综合产值50.1亿元，在国家和四川省国民经济社会发展中有积极重要的贡献。

目前，宜宾市委、市政府将油樟产业列入特色现代农业“5+2”产业推动发展，正在规划建设70万亩国家级特色农产品（油樟）优势区，2025年油樟产业综合年产值力争达到100亿元。

世界樟海景区位于叙州区樟海镇大越路。樟海景区，又叫中国樟海，是中国地理标志之一，也是全球最大的油樟集中区和种植林，现有油樟近40万亩，年产樟油3000至4000吨，占全省90%、全国70%的产量。

樟海景区有“沟、竹、山、樟”的山水自然风光，还有地下塔林、蟠龙书院、清明寺、茶马古道等历史人文景观。

十三、梦缘山谷

梦缘山谷位于叙州区蕨溪镇政权村。这里是西南地区独一无二的四季森林花园景区。拥有万亩珍稀立体高效林业，包括桢楠、中药材、火棘果和四季森林花海等，是集观光、休闲、度假、旅居、养生于一体的综合性景区。这里风景优美，长年鲜花盛开，能够让游客与万亩桢楠、中药材砂仁、火棘果、四季花卉融为一体共呼吸，是一个养心的好去处。

十四、綵山景区

綵山景区位于叙州区柏溪街道新联村高峰组。建设面积350亩，规划面积达到2389亩，共分四期：一期綵山、二期幻海、三期观唐、四期禅度。

綵山景区与新联村九彩虹农家乐毗连，互为依托。2016年，綵山景区已被评为国家2A级景区。

十五、少娥湖

少娥湖位于叙州区西湖路南140米处，地处川、滇、黔“金三角”地区的万里长江第一城——宜宾市近郊，与云南省水富市隔江相望，与天下闻名的蜀南竹海、石海洞乡形成“0”型线的“黄金旅游热线”，具有较好的区位优势、丰富的旅游资源和独特的自然风光、人文景观。少娥湖占地1050亩，水面500亩。

少娥湖是一座蓄水、灌溉、防洪的水库；同时又是集会议、旅游、体验活动为一体的休闲娱乐场所。景区分为旅游综合服务管理区、游乐区、度假休闲服务区、水上游览区、步行景观区。

十六、万花谷景区

万花谷位于叙州区安边镇治和村。这里种植了6000余亩花卉苗木，每年随着季节的更替都会有不同风景呈现，一年四季都有美景可以欣赏。最引人注目的是这里的枫叶林，每年3月到5月，是观赏红枫叶“彩林”的最佳时节，随着枫树林种植规模的不断扩大，万花谷吸引了大量游客前来观光游玩，也是摄影的好地方。

十七、天宫山茶海景区

天宫山又名黄山，位于宜宾市西北部63千米处，系大凉山余脉，平均海拔1300米，年气温在6~20℃之间，气候温和，雨量充沛，无工农业污染，空气清新。山系为南北走向，山体高大俊秀，远看酷似一睡尼，神态安详，外形悦目。

景区旅游资源富集，由南面上山，沿途1300米以上秀峰峻岭10余座。山上茶地开发于20世纪50年代初期，绵延20千米，面积近万亩，因地造势，碧波起伏。

天宫山景区主要以天宫山10万亩高山茶海及天然温泉、森林等原生态环境为依托，综合开发天宫山人文风光和旅游资源，建设以茶产业和旅游服务业相融合、茶文化和历史文化双线并举、文化旅游和避暑度假旅游相结合的大型综合体。项目围绕“颐养”理念，打造世界级的旅游度假休闲目的地。并以万亩高山茶园为基础产品和拳头产品，是以“禅茶一体”为文化载体的休闲观光、宗教朝拜、避暑康养、户外探险、科考研究、村旅一体发展的“两心、两带、六区、多节点”的综合型国家级生态旅游度假区。项目建成后，度假区将成为宜宾的又一张城市旅游名片。

十八、顶仙坝

蕨溪镇顶仙坝位于叙州区蕨溪镇顶仙村，占该村绝大部分面积，在当地人口中，顶仙坝即是顶仙村。这是一座明代即形成的村庄，名叫“金盆屋基”。它坐落于海拔1000余米的天宫山高山盆地内，四面环山，传说古有奇人，有官不做，偏来这里修行，终于得道成仙，从此这里取名叫“顶仙坝”，意思是最接近仙界的地方。

顶仙坝四季云雾缭绕，村中奇山异水，流泉飞瀑，溪河纵横，群山环绕。是一块面积约3.5平方千米的良田沃土，集聚天地之灵气。顶仙村中出好茶、长异木，竹林苍绿，鲜花不断，同时集古屋、古庙、古寨、古墙、古堡、古井、古树、古风、古韵于一身，不但有奇丽的自然风光，更是一个历史悠久、文化厚重、人杰地灵的古村落。顶仙坝所产大米，香软可口，远近闻名，是当地名特产。

2019年，顶仙坝入选中国传统村落。下一步拟开发结合旅游、休闲、沟谷探险、现场体验等为一体的旅游休闲度假区。

十九、老鹰岩

老鹰岩位于叙州区樟海镇大塔滩村大塔滩水电站库区右岸，高且陡，高约250米，长约650米，整个崖面为红色砂岩被越溪河水切割形成，其上为油樟，下为竹林，再下为越溪河，气势磅礴。有小路可登顶，当地村民称之为“九倒拐”，崖上有寺庙。视野开阔，景色秀丽。

二十、荫家山

荫家山位于叙州区观音镇茅坪村丘陵间，为一沟谷型景观，沟谷多分支，主沟长约4千米，两侧为丘陵斜坡，树木茂盛，山中多野鸡、野猪等野生动物，更发现有国家一级保护植物桫椤树生长其间。桫椤树被称为白垩纪时期与恐龙同时代的“活化石”。

二十一、马脑壳山

马脑壳山位于叙州区蕨溪镇顶仙村顶仙坝，而马脑壳属于马脑山最高峰，马脑山与观音坐莲、白虎山、黄天顶等将顶仙坝团团围住，呈合抱之势，风水极佳。唯南面有一缺口，有小溪流出，是为七洞潭。马脑山上多刺竹，每年七八月间，出产刺竹笋，味道极鲜美。

马脑山上有马脑山茶园、天马寨等景点。天马寨内寨遗址位于马脑山山顶，修建于清朝同治年间，是用来抗击李永和、蓝潮鼎起义军和“红灯照”的军事堡垒。建筑粗犷坚固，保存较好。外寨大门分内外两层，石墙总厚度3米以上。除了没有门板和抵门杠以外，墙内的门斗孔、门闩槽、观察孔、射击孔等设施完好。而城墙由条石砌成，总长约120米，高约3~5米，厚1.2米，将马脑山隔断，仅留一门出入，进门步行30米，即为马脑壳所在地。如今仅余城墙，其余建筑已不可见，城墙保存较完整。海拔较高，视野开阔，风景较秀丽，可观顶仙坝全境，天宫山脉等。

二十二、仙鹅湖油樟研学基地

仙鹅油樟专业合作社前身为宜宾县仙鹅林樟专业合作社，由樟海镇瓦房村村民樊尚富发起，于2010年7月召开设立大会并通过章程而成立。本合作社共有成员155户，其中农民用户154户、企业成员1户。合作社紧紧围绕“林业增效、农民增收”目标，积极创新思路、增添措施、加强帮扶、科学管理，因地制宜发展以油樟为主导的特色产业，千方百计扶持专业合作社成员致富，走出了一条“农民增收致富、合作社发展壮大”的良性发展之路。

仙鹅油樟专业合作社于2010年被宜宾县评为“先进专业合作经济组织”，2013年被四川省评为“省级示范专业合作组织”，2016年1月，被国家林业局评为“全国林业专业合作社示范社”。社内建有仙鹅湖油樟庄园。

二十三、少娥谷亲子农庄

少娥谷亲子农庄位于柏溪街道少娥村，创办于2016年，是宜宾市乡村旅游研究会副秘书长单位。该公司运营的研学基地“少娥谷亲子农庄”，拥有占地200余亩的名优特水果种植基地、占地50余亩的生态采摘园、占地20亩的生态垂钓基地，有室内活动场所8000平方米，室外活动场所20 000平方米，能满足1500人就餐，300人住宿。

研学基地配备有专业的研学实践教育师资队伍、科学合理的研学教材，将中小学生的研学实践活动与自然教育、红色教育、农耕教育等紧密结合，将“游”和“学”融为一体，开发了一系列丰富多彩的、特色鲜明的综合实践课程，让同学们“经历一次体验、学会一种技能、尝试一次创新、感受一次成功”，培养学生的“探究能力、思辨能力、自理能力、生存能力”，增强学生科学创新意识和社会责任感，为叙州区研学旅行活动做出了表率。

基地开办以来，积极开展研学活动，服务市内外研学旅行团队超10万人次，获得“四川省自然教育基地”等多项称号。

二十四、九彩虹生态农业园

九彩虹生态农业园坐落于叙州区柏溪街道新联村玉龙山脚下、玉龙桥头，距离叙州区城区柏溪（宜屏路）10千米，距宜宾市城区23千米，交通便捷。生态园以建筑与设施为主，实用建筑与核心设施为辅，乡村孝道文化配套，位于叙州区柏溪街道玉龙社区。

生态农业园地处喜捷社区山林之中，将园林景观设计和特色建筑融合，开拓山水景观，形成独具一格的集餐饮、住宿、休闲、娱乐、会议、垂钓养殖、大棚采摘、农业观光等多功能于一体的综合服务中心。九彩虹在“孝文化”方面精心打造，每年坚持开展尊老爱老活动，影响十分广泛深远。

二十五、幸福公社农耕文化生态园

幸福公社农耕文化生态园位于叙州区喜捷镇宰龙村大佛山，距柏溪镇10千米、成都280千米（成昆高速宜宾机场站13千米）、宜屏快速通道玉龙出口1.5千米。

幸福公社以农耕文化体验及林业观光赏花为主题，并融科普教育性、观光性、娱乐休闲性、婚礼摄影与体验性于一体。让广大朋友，特别是青少年可以定期在此体验农耕文化，既让大家深刻体会“锄禾日当午，汗滴禾下土”的真正含义，又领略到“谁知盘中餐，粒粒皆辛苦”的真谛。在这里，不仅可以传承祖先的文化遗产，吸取圣人的劳动智慧，还可以教育孩子珍惜今天的幸福生活。

园区分为游客接待中心、农耕工具展示区、农耕生活区、农耕乐园区、乡土童趣区、园林式户外拓展区、田园风光区，有自助烧烤、水果采摘、生态垂钓、大草坪音乐广场、林中捉鸡捉兔、水沟摸鱼、攀岩、露营、四季花海、水上乐园、林中CS、野外拓展、特色餐饮等大小40多种业态功能。目前设有标准的农耕文化长廊，能容纳1000人同时用餐的公社食堂，有保持世界纪录的“天下第一犁”，还有本土多种特产和工艺品大卖场等。

2018年以来，幸福公社每年坚持举办中国农民丰收节节庆活动，吸引了大量的外地游客，成为当地一个知名活动品牌。

二十六、天堂湾度假景区

天堂湾度假景区位于宜宾县安边镇黄江林天堂湾，距县城柏溪9千米，豆坝工业园区6.5千米，安边镇11千米，向家坝水电站10千米。景区总占地面积16.8万平方米，建筑面积0.68万平方米，是一家集低碳旅游、餐饮娱乐、会议住宿、休闲度假、运动健身、农技体验、拓展训练于一体的多功能低碳时尚度假休闲区，分为A区“天堂湾”、B区“蓝湾岛”和C区“西江谷”。景区由四川宜宾树高集团投资公司兴建并直属运营管理。

“一湾一世界，一景一天堂。”天堂湾度假景区分为接待中心、湖景别墅、康乐大楼、户外健身、观光栈道、田园休闲6个主体区。接待中心楼高六层，虽无巍峨雄伟之躯，但有玲珑秀色之美，浅金色的大楼外表设计，寓意丰收喜悦，更具自然生态、温暖大地之情。景区内的酒店三面环山、一面临湖，天堂湖位居中央、形同吉祥神鸟、雄姿待发。望湖远眺，十分惬意。

景区中，清泛丽色与目谋，滢滢之声与耳谋，悠悠之切与神谋，酣然之静与心谋，燕飞雀舞者望湖息心，经纶事务者窥景忘返。

二十七、郑佑之故居

郑佑之故居位于叙州区古罗镇（现已撤并入观音镇）同力村化匠组，小地名化匠嘴。郑佑之（1891—1931），叙州区古罗镇人，是四川早期政治活动家，马克思主义传播者，川南党组织创建人，农民运动和妇女运动的开拓者，四川党组织卓越的领导人之一，享有“川南农王”的美称。

1922年，郑佑之经恽代英介绍加入中国共产党，是宜宾县第一个共产党员。从1926年至1929年，郑佑之先后任中共宜宾特支书记，中共宜宾县委书记，四川省委、川南特委委员。1929年调回重庆省委机关工作，任省行委委员、中共合川县委书记、川东特委、江巴中心县委秘书长、组织部部长，执行保护组织、营救被捕同志等特殊工作。因叛徒出卖，郑佑之于1931年12月30日慷慨就义于重庆罗家湾。

郑佑之故居建筑占地面积270平方米，为清末时期的地主庄园式建筑，有典型的川南民居风格。故居距叙州区区府所在地柏溪镇90千米，距离郑佑之烈士墓4千米。

郑佑之故居1989年被原宜宾县人民政府确定为县级文物保护单位。

二十八、春风里旅游景区

春风里旅游景区位于宜宾市叙州区西北方向的蕨溪镇，是天宫山国际旅游度假区的环线支撑景点。景区临河而建，占地1200余亩，以园林观光为特色，集乡村旅游、露营、烧烤、农耕文化体验于一体。景区常年溪水潺潺，鸟鸣虫吟，花卉植物品种繁多，一年四季花开不同。特色景点有玉兰园、桂田花海、黄桷兰（宜宾市花）种植示范基地、丽桃山、天然露营草坪等；美食中心有烤全羊、岷江生态鱼、点杀农养家禽等菜色；景区民宿有智慧小木屋，给旅客提供幽静的独立空间、宽阔的私人阳台、浪漫的星空天窗，临水而憩，十分惬意，是度假休闲的好去处。

春风里旅游景区始建于2015年，在蕨溪镇政府“旅游兴镇，产业强镇”的扶持下，投入5000万元分三期将原有苗木基地转型升级为以园林苗木观光为特色，集休闲度假、乡村旅游、生态观光、户外旅行、农耕文化体验于一体的乡村旅游景点。经过多年精心打造，景区品质逐步提升，呈现出园艺+文旅融合发展的良好态势。目前，景区吃住游玩业态已基本形成，2019年被评为国家3A级旅游景区。

叙州区·幸福公社

·第四章·

南溪　人文古城

南溪区位于四川南部，介于东经104°43′52″～105°53′2″，北纬28°41′46″～29°3′52″之间，东邻江安县，西接翠屏区，南靠长宁县，北连自贡市富顺县。南溪区地处于宜宾、泸州、自贡三市“品”字型区域中心地带。辖区面积704平方千米。下辖8镇3街道，有27个社区、33个农村社区、129个村。南溪区人民政府驻地为政通路8号。

2021年，全区户籍总人口41.30万人，比上年末增加0.04万人；户籍人口城镇化率38.4%。年末常住人口33.7万人，比上年末增加0.4万人；常住人口城镇化率58.08%，比上年末提高1.04个百分点。全年出生人口3041人，出生率为7.09‰；死亡人口2355人，死亡率为5.49‰；人口自然增长率为1.60‰。人口以汉族为主，另有回、苗、白、傣、朝鲜、彝、满、蒙古等26个少数民族。

2021年，南溪区地区生产总值（GDP）为211.51亿元，按可比价格计算，比上年增长8.5%，两年平均增长6.2%。其中，第一产业增加值34.42亿元，增长9.1%；第二产业增加值97.02亿元，增长6.5%；第三产业增加值80.06亿元，增长10.8%。三次产业对经济增长的贡献率分别为18.3%、34.4%和47.3%。三次产业结构由上年的17.1：45.0：37.9调整为16.3：45.8：37.9。全年人均地区生产总值63 136元，增长7.6%。

2022年，南溪区地区生产总值为211.5亿元。[①]

南溪建城已有1400多年，历史悠久，自然条件优越。南溪属亚热带湿润性季风气候，气候温和，雨量充沛，光照充足，适宜农作物生长。南溪以农业为主，是省粮食、蚕、桑、甜橙、水产重要基地。南溪旅游资源丰富，有古城景区、云台山景区、江南景区等。

① 数据由今日头条号缩缩经略、宜宾头条于2023年2月4日发布。

第一节　发展定位

一、目标定位

1. 长江湾岛溪式生活体验旅游目的地。

2. 长江上游高品质生活宜居地。

3. 成渝地区双城经济圈文旅新增长极。

4. 文旅乡村振兴的四川样板。

二、形象定位

“长江第一湾·醉香古南溪”：这个形象定位主要着眼于南溪的地理区位优势，以及产业特色和悠久历史文化。

三、空间布局

1. “一核心”：突出南部“湾岛城”文旅休闲核心区，以南溪街道为中心。

2. “两示范”：打造北部“农文旅”绿色养生示范片，以大观镇为中心，辐射带动黄沙镇、汪家镇和中部“粮经旅”。打造工坊体验示范片，以仙临镇为中心，辐射带动刘家镇、长兴镇、仙源街道、裴石镇。

3. “三体系”：着力构建“江道路游”公园体系、“农旅教体”融合体系和“溪式生活”要素体系。

第二节　资源和产业

一、资源概况

南溪地处宜宾、泸州、自贡三市“品”字形区域中心地带，不仅拥有长江上游保存最为完好的临江古城楼城墙、国家4A级景区南溪古街、朱德旧居、南溪长江第一湾、“小峨眉”云台山等文化旅游资源20余处，而且涌现出革命家孙炳文、书法家包弼臣、五粮液鼻祖邓子均等历史文化名人。自然与人文资源丰富，人杰地灵。

目前，全区已查明文旅资源共16 524处。其中文化资源15 491处，旅游资源1033处。

（一）文化资源

文化资源有15 491处。其中有古籍、传统器乐乐种、非物质文化遗产、文物（不可移动文物、可移动文物）、传统戏曲剧种五大类，美术馆藏品文化资源暂无。不可移动文物中，国家级资源1个，省级资源4个，市级资源1个，县级资源3个，共9个；可移动文物中，一级资源2个，二级资源4个，三级资源469个，共475个。

在文化遗产保护方面，全区有文博机构2个，国家级文物保护单位1处，省级文物保护单位4处、市级文物保护单位1处、区级文物保护单位3处，公布的不可移动文物点394处，馆藏文物1364件，古籍藏书1.3万多册。现有省级非物质文化遗产保护名录项目2个，区级非物质文化遗产保护名录项目28个；省级代表性传承人1人，市级代表性传承人2人，区级代表性传承人17人。全区共有国有博物馆1家，非国有民办展馆2家。其中，南溪区博物馆展陈项目2021年12月已完工。

在文化事业方面，全区共有文化系统内有艺术表演团体1个，艺术表演场所1个，文化馆1个，文化站11个，公共图书馆1个，《越来越好》《请回答，1993》《初次见面》《龙虾狂想曲》等一批优秀小品涌现，《村里来了第一书记》《清音》等一批优秀舞蹈作品频出。[①]

（二）旅游资源

旅游资源有1033处。其中优良级旅游资源203个，占19.65%，新发现旅游资源点317个，占30.69%。五级旅游资源5个，占0.48%，分别为长江南溪曲流（长江第一湾）、南溪古街、临江古城墙城楼、南溪红豆杉森林、南溪

---

① 出自2020年宜宾市文旅资源普查资料。

豆腐干；四级旅游资源20个，占1.94%，分别为朝阳洞摩崖造像、中国西南文化创意产业园、仙源湖、滨江新城景观带、云台山、红岩山、月亮湾生态园、江南镇罐口、雷公山、大岗民俗展览馆、瀛洲岛、南溪区白酒生态园、文明门、麻柳街、南溪长江湿地、朱德旧居、南溪文体中心、云台寺、大坪栀子花基地、西南三角梅花卉基地。全区旅游资源分布于8个大类、23个亚类、73个基本类型，分别占标准分类中大类的100%、亚类的88.46%、基本类型的55.73%。

新发现五级旅游资源1个，南溪红豆杉森林：占地12 000亩，地跨江南镇楠木社区、大阳社区、大湾村，种植红豆杉700余万株，包括来自全球各地的11个红豆杉品种，是目前全国最大的人工红豆杉种植基地。新发现大岗民俗展览馆、西南三角梅基地等四级旅游资源4个。

二、产业发展

目前，有省级乡村旅游重点镇1个、重点村2个。“千年古村落+乡村旅游”稳步推进，积极谋划“南溪湿地”、五彩田园等10个乡村旅游项目，有序筹备南溪豆制品博物馆、“创意进旅游村”等项目，形成了月亮湾、大庙村、百里冲等一批乡村旅游特色景区。截至“十三五”期末，乡村旅游收入15亿元、接待游客220万人次，文旅乡村振兴作用明显增强。

旅游品牌创建取得新成效，南溪古街成功创建国家4A级旅游景区，长江第一湾、月亮湾成功创建国家3A级旅游景区，南溪古街列入省级步行街改造提升试点，20余家星级农家乐/乡村酒店相继落成，天府旅游名县候选县创建工作有序推进。

近年来，“文旅+”“+文旅”载体建设成效显著，朱德旧居、官仓街—西大街、广福街历史文化街区提升改造工程有序推进，南溪露天博物馆、南溪大岗博物馆、南溪文体中心、南溪区文化馆、南溪区农慧民俗馆、银杏酒店管理学院宜宾校区一期建成投用，文旅新业态新载体建设有序推进。

同时，坚持“走出去”和“引进来”相结合，成功推出4条精品旅游路线，参加省内外文旅宣传营销及展会展览活动10余次，搭建南溪门户网站、南溪文旅发布等公众号，“长江第一湾、南溪古街、南溪豆腐干、南溪白酒”四大品牌频繁登上主流媒体，南溪旅游产品吸引力持续增强。

“十三五”以来，随着宜宾市产业转型升级，南溪旅游从无到有，在积极应对经济下行压力下，南溪区文化旅游经济平稳较快增长。五年来，全区共接待国内外游客2027.26万人次，国内旅游收入175.85亿元。其中，接待国内游客量从2016年的251.2万人次增加到2019年的541.87万人次，增幅为116%，年均增速30.34%；旅游总收入从2016年的20.1亿元增加到2019年的50.08亿元。受疫情影响，2020年全区共接待游客432.51万人次，同比下降20.18%；实现旅游收入40.52亿元，同比下降19.09%。年接待量802万人次，收入7亿元。2018年，南溪接待游客突破500万人次，旅游总收入达到39.09亿元；2021年，南溪全区文旅产业增加值突破10亿元、占GDP比重将超过5%。力争到2023年，实现旅游年接待量达到550万人次，恢复或超过疫情影响前一年（2019年）的接待水平。到2025年，实现旅游年接待量达到740万人次，年均增长率超10%；旅游总收入超70亿元，年均增长率超11%，文旅产业增加值占全区地区生产总值的百分比重不断攀升。

第三节　文旅特色

一、特色文旅

南溪区文旅资源以长江文化、休闲文化、建筑遗迹、特色街区、医疗康养游乐休闲场所、乡村酒店与民宿、特色美食、农特产品、节事活动、红色文化10个方面为主要特色。

主要有南溪古街景观、红色文化、现代农业园区景观、家风家教体验等特色功能。

二、地方特产

有南溪白鹅、金竹西瓜、南溪锦橙、南溪桂圆、大棚蔬菜、南福大曲等。

三、美食美味

有炸玉米饼、杞火腿酥、南溪鹅肉干、南溪黄沙鱼、南溪豆腐干、南溪盐菜肉片汤、龙须蛋面、琵琶冬腿等。

四、非物质文化遗产

南溪区非物质文化遗产共计30项，省级2项、市级1项、县级27项。其中，省市级主要有南溪哈号、南溪豆腐干制作工艺、南溪李氏布贴画技艺等。[①]

第四节　景区景点

景区景点：月亮湾荷海、马耳岩水库、南溪古街景区、万里长江第一湾、大庙村乡村振兴示范村、裴石月亮湾景区、云台山森林公园、南溪观音寺、南溪古城墙、犀牛湖、马家乡罐口景区、南溪镇古塔、映南塔、双塔呼应、第一山牌坊、南溪农民暴动遗址、南溪区烈士陵园、朱德故居等。

一、南溪古城墙

古城墙位于南溪区老城区，现存长度1000余米，尚存文明门、广福门和望瀛门三座城门。古城墙是长江边上迄今保存最为完整的城楼城墙，素有“万里长江第一城”之称。

临江古城墙位于南溪县长江北岸滨江路、顺河路，坐北向南。由古城墙和与之相连的“望瀛门”“文明门”“广福门”三座城门城楼及码头组成，全长1109米。现存城墙始建于明代天顺年间，是在原土城墙基础上改建的，主要以明代竖砌石城墙为主，清代、民国多次增修培补，城墙平均高6米，厚

① 出自2020年宜宾市文物普查资料。

0.5米，是万里长江边上迄今为止保存最为完整的明清城池防御工事，是研究我国古代城池规划布局和防御工事、城楼建筑工艺重要的实物资料。

2013年，南溪临江古城楼城墙被公布为国家级文物保护单位。

二、望瀛门

望瀛门俗称东门，始建于清乾隆年间，单檐歇山顶穿斗式砖木结构建筑；卷拱形砖石城门，高6.2米，建筑面积160平方米，在古代有城池防御功能。

三、文明门

文明门俗称大南门，是长江沿岸保存完好的唯一城门，素有“万里长江第一门”之称。始建于明正德年间，系木构造筑，重檐歇山式顶。清嘉庆十一年（1806年）培修时，知县邵兆禄书“文明门”三字刻于门额上。楼前有6台62级石质码头与之相连，使城楼更加巍峨壮观、气度非凡。

四、广福门

广福门位于城墙中西部广福街口，建于清乾隆年间，单檐歇山顶抬梁式砖木结构建筑。面阔三间7米，进深三间5米，通高8.75米，建筑面积63平方米；卷拱形砖石城门，高2.76米，宽2.6米，厚5米。楼前有石码头与之相连。

五、麻柳街

麻柳街历史文化街区修缮改造工程项目位于老城区，项目总用地面积为23 864.77平方米，采用“修旧如旧、新旧融合、修新如故”的施工理念，住宅设计以院部布局为主，整合原有建筑，主要有一字型院落，三合院、四合院等布局形式。建筑风格以现存保留较好的川南民居风格为蓝本，以木板门、竹编墙统一建筑材料形制，更大限度地保留所有具有南溪地域特色的建筑风格。牌坊、张家祠堂、中心广场、福建会馆、戏楼、街巷、城门楼这些标志性的建筑都在麻柳街历史文化街区的修缮改造工程中。

六、张家祠堂

祠堂位于旧城南门社区顺河街。该建筑坐北向南，由门厅、戏楼、前厅组成。现仅存戏楼南北长17.05米，东西宽16.9米，砖木穿斗结构，单檐硬山式建筑，屋面覆小青瓦，两侧设风火墙，布局严谨。2007年列为县级文物保护单位。该戏楼为研究川南地区清末民初时期祠堂建筑风格、习俗提供了实物资料，具有较高研究价值。

七、天上宫

天上宫，即福建会馆，始建于清乾隆十七年（1752年），民国初期军阀混战，会馆遭到破坏，后包氏族人重新修缮，是典型的川南民居风格。

天上宫坐东朝西，砖木机构，由山门、照壁、正殿、厢房、后殿五部分组成，占地900平方米。现复其旧制，面貌一新。

八、朱德旧居

朱德故居坐落在官仓街，为复合四合院布局，双大门双堂屋形制，临街房、堂屋和后院3幢，系木结构单檐硬山顶，屋面覆小青瓦，内部采用穿斗式5穿9柱及4穿7柱梁架结构。20世纪20年代，朱德服役滇军驻节川南时以此为家，长达7年。现旧居内朱德的书屋，寝室依原样保存。现在已成为宜宾红色文化教育基地之一。

九、南溪古街

南溪古街是国家级4A级旅游景区，是滨江新城的商业中心，东起新城西环线，西至南溪区文化体育中心。整个南溪古街沿着桂溪河两边修建，全长1000米，占地202亩，总建筑面积约11万平方米，分为A、B、C三个区。

古街以桂溪河为景观主轴，以B段中心广场为核心，沿街区分布八个小广场作为景观、人流节点。A区表现桂溪河河道湾区景致与桥楼之间的呼应关系；B区展示广场人流与河道码头、戏台之间的互动体验；C区集中河道两岸亭台楼阁与廊桥相映成趣的风貌。整条古街修建了古色古香的建筑，按照“巷穿城、水融街、楼重院”的理念来打造，将南溪古文化与水文化融为一体，不仅体现了川西、川南等巴蜀传统人居特色，更将骑楼、天井、马头墙等各地方传统建筑元素加以改良融汇，展现出从明清到民国时期的建筑风貌，做到了“千楼千面”，具有中国传统民居集大成者的气度。

十、总兵府

总兵府始建于明朝崇祯十二年（1639年）。侯良柱是南溪最高级别的武官，官至四川总兵。总兵府是侯良柱为了宽慰其母思念儿子之情修建的，起初是一个茅草屋。

他在明朝天启六年（1626年）代理四川总兵，镇守永宁，在兵力悬殊的情况下，平定当时的永宁土司奢崇明叛乱，取得“西南奇捷”称号。后任四川总兵驻守广元。崇祯十年（1637年）率兵狙击李自成入川，在梓潼到马坎战亡。南溪人民为了纪念他，将他的总兵府进行了翻修，在建古街时又进行了新一轮的改修。

十一、仙源台

仙源台原为清末南溪望族阚氏私人戏楼，供阚氏家族举办庆典、祭祀唱戏之用。

本建筑为歇山顶式建筑，因位于长江之滨的仙源坝而得名。南溪人喜爱的传统艺术——川剧，每逢重要节气，都在这里演出。县城内原有戏台10余处，现仅存此一处。登上仙源台，领略唐宋辞章，感悟明清风流。

十二、仙源塔

仙源塔高七层，约30米，为四方砖塔，是南溪古街的标志性建筑，也是鸟瞰南溪古街的最佳场所。自古流传无徽则琴不鸣，在元代有个叫熊万户的人，在琴山上聚土成徽，并在岩壁上刻了诸多佛像。

从此以后，凡是有人路过此处听到阵阵琴声，就能交上好运。明代四川新都人杨慎游学南溪就听到从琴山传来阵阵宛转悠扬的琴声，一举中魁。之后到南溪来的人，总愿登临此塔，以遂心愿。

塔里从第一层至第七层分别以南溪和川南地区的自然风光、历史传承、历史人文、民俗文化、红色文化、新城印象、观光望远七大主题板块为主要内容，综合体现出南溪在独特的川南城市风貌体系中浓郁的滨江之城特色和深厚的历史文化底蕴。

十三、黄帛流风

南溪古街B区东头的这个牌坊，是为纪念南溪汉代著名烈女黄帛凄美的爱情故事而重修的。黄帛，是南溪古时候博学多艺的才女，汉代南溪学子张贞之妻。因丈夫外出求学，遇船覆淹死，黄帛经月余寻访不得，不知其下落，遂自投水身亡。14天后，夫妻双双在县西三十里处牵手浮出水面，后将该处定名黄帛坎，并建牌坊“烈女祠”。

按照古代的标准，黄帛这样的女子是旧时代女性的表率，因此当地民众为她建起了贞节牌坊。牌坊上书写一副楹联：“一部人文史，千秋黄帛风；青山不负忠贞烈，崖坎长留姓字香。”

十四、奋戎桥

南溪有1400多年的建县历史，在南北朝梁设南广县，隋仁寿初年因避太子杨广讳，改为南溪县至今。在隋朝，南溪的区域是现在宜宾市辖区的1.5倍。县城原设在李庄驿（今李庄），宋朝乾德年间才迁到仙源坝奋戎城，也就是今天的南溪城这个地方。

传说奋戎城原是一座规模很小的土城，那时的仙源坝林莽丛生，虎狼成群，隔三差五就有大人或者小孩被猛兽叼去。为了抵御猛兽侵袭，全城人民垒土筑城，只留一处出口与外面相通，平日用栅栏关闭出口。后来，为了抵御长江洪水，人们只能用鹅卵石砌桥，取名为“奋戎桥”。在后来很长一段时期，这座桥成了奋戎城的“救命桥”。

十五、步水廊

步水廊始建于南宋末年，为典型的宋代廊桥建筑。因浙江永嘉进士潘希白经此上岸凭吊烈女黄帛而建，至今经历过“九毁十复”。宋朝时，四川是全国经济文化最发达的地区之一，吸引了许多文人雅士入川游学。潘希白因被烈女黄帛事迹深深感动而对南溪流连有加。在考中进士赴任后，专程回到南溪，写下了一首脍炙人口的《入南溪》诗：“沙头落月照篷低，杜宇谁家树底啼。舟子不知人未起，载将残梦上南溪。”被收入《百名书法家咏南溪作品集》中，流传了下来。

十六、偕乐苑

偕乐苑即唱晚津。“往昔渔舟歌满载；如今画舫乐繁华。”这副对联，正反映了当年南溪老码头热闹繁荣的情景。

在南宋时期，桂溪河水量丰富，渔船、客船很多，自然形成了水码头。一天，潘希白游历南溪，来到桂溪河，看到亭子下有好多人。一打听才知道大家会合在这里，是为了听傍晚回来的渔夫们唱渔歌。于是潘希白给这个码头取名叫“唱晚亭”，大家尽管都觉得好，可又担心天黑时用火把会不小心把亭子烧了，为了图个吉利，就在“唱晚亭”里加点水名，改名为“唱晚津”。第二天，县太爷听说来了位秀才，还给桂溪河边亭子取了个名字，很是高兴，就亲自到客栈迎接。在攀谈中，才知道这个秀才是浙江永嘉（今湖州）来的，县太爷根据潘希白的意思，将“唱晚津”南宽阔的坝子取名为“偕乐苑”。这次南溪之行，在潘希白的脑海里留下了深刻的印象，他常常在梦中回到南溪。

十七、豆腐干博览馆

位于南溪古街A段起点的南溪豆腐干博览馆，总面积4000余平方米，分为历史文化博览区、豆腐干生产制作展示区、豆腐干制作体验区三个区。这是全国首家，也是唯一一家以豆腐干为主题的文化博览馆。

十八、滨江景观带

滨江景观带在结构上呈现“一带一心三片六区”的格局。滨江新城绵延约3.5千米的滨水生态绿廊，以万人休闲广场为中心，按时间脉络由东向西排列的过去、现在、未来三个景观主题控制段落。景观带包括南溪遗韵、城市阳台、城市客厅、露天博物馆、未来画卷、沿江消落带共六个主要景观区域。

十九、南溪遗韵

南溪遗韵位于滨江景观带最东端，是老城向新城过渡的区域。滨江路入口设置以南溪特产豆腐干为元素的主题雕塑，展现了南溪的地域特色，还设置了包罗南溪千年文化脉络的景墙雕刻，其虚实变化，不同意向交错出现，象征南溪千年历史长河从远古缓缓流来，连绵不绝。

二十、南溪清明上河图

南溪景观墙生动形象地展示出南溪古代的市井生活场景：从茅舍、小桥到老树、扁舟，从茶房、酒肆到九宫十八庙；从陆上车马到江中商船；从农夫到市民；从小贩到巨贾……内容丰富，描绘细致，展示了古城南溪的繁荣景象和美丽的自然风光。

景观墙用民俗色彩丰富的青花瓷制作，是一幅描绘南溪人辛勤耕耘、休养生息的“清明上河图”。

二十一、南溪文体中心

南溪文体中心坐落于南溪滨江新城中心位置，占地122亩，建筑面积为6.2万平方米，由游泳馆、训练馆、体育馆、游泳热身馆、图书馆、文化馆、演艺中心、科技馆、博物馆、游客中心及部分商业业态组成。

二十二、凤凰大道

凤凰大道是南溪未来城市的出入口景观大道，全长2.2千米，宽40米，设计为双向六车道，两侧绿化带平均宽约50米，并建有休闲小广场、篮球场、玩沙池、停车场等城市配套设施。凤凰大道带来的不仅是出行的方便，其兼具交通与休闲功能，让车在景中行，人在画中游。

二十三、仙源长江大桥

仙源长江大桥于2019年1月30日建成通车，桥位路线全长2100米，桥长1499米，北岸引道接线144.82米，南岸引道接线452.18米，主桥宽30.5米，为主跨572米双塔双索面叠合梁斜拉桥，北岸边跨及主跨主梁采用钢-混叠合梁，南岸边跨主梁因配重需要采用双纵肋混凝土主梁并设置2个辅助墩，桥塔采用花瓶形塔，空间索面，系世界首例两侧边跨形式及跨度均不对称的双工字形叠合梁混合梁斜拉桥。

二十四、湿地公园

南溪依长江而栖，江边美景一直令很多外地人羡慕。市政工程湿地公园的修建，让人们的休闲生活更多了一些乐趣，散步也有了新去处。

二十五、马家乡罐口景区

马家乡罐口自然风景区位于马家乡场镇仅1.5千米处，紧依长江，总面积8平方千米。景区内山势峻峭、峡谷幽深，有合璧窝天然崖壁、过兵滩、花岩洞、罐罐口、兔子窝、飞来石、雷打石等十余处景观。进入景区，清泉激石，山雀和鸣，偶尔还会从林间飞起一只野鸡或是窜出一只野兔，令你既惊且喜。人行其间，步步是景、处处有意。区内，还有多种可食用的野生菌类、蕨菜及野生中药材，本地土鸡等更是不可多得的纯天然绿色食品，味道鲜美、营养丰富，让人大饱口福。

“绵绵亦群峰叠嶂，四季俱林木青葱”，这是对马家乡秀丽风光的绝美写照。

二十六、马耳岩水库

马耳岩水库位于南溪区与自贡市富顺县李桥镇交界处、汪家镇新桥村云台山脚下。是宜宾市唯一的中型水库。

马耳岩水库，又名云台湖，始建于1958年，库坝高54米，顶长185米，顶宽6米，坝底宽385米。坝外侧有“之”字形公路达顶。坝上筑有高8米方形石砌体观察塔1座，溢洪道口有高12米的“锁蛟亭”，用琉璃瓦覆顶，双檐八角攒尖顶仿古建筑。水库总辖面积1400亩，水域面积700多亩。如泛舟游湖，水道旅游线为14.3千米，四面山峦起伏，古树参天，水平如镜，碧波连天，是一个周末休闲养心的宁静港湾。

二十七、溪泉叠水

该区域设计以石文化和水文化相交融，营造一个“长江之水天上来，奇石叠嶂穿江去”的景象。设计充分结合高低差距，以丰富的自然景石叠层水景，水源穿流在绿色植物之间，形成区域标志性活动场所，为游客带来观赏休憩静逸的舒适感。

二十八、月亮湾景区

月亮湾3A景区位于南溪区裴石镇，是集党建引领示范、巴蜀家风文化传承、廉政文化教育、精品荷花观赏、生态水果采摘、农耕文化体验、乡村民宿酒店、露营休闲度假为一体的乡村振兴示范园区。

景区内有荷花1000余亩，包括明月楼、乡愁树、荷博园、中华家风馆、巴蜀家谱馆、宜宾名人馆、巴蜀家风墙、初心广场以及各亭台楼阁等32个景点，是省级廉政教育基地，巴蜀家风传承示范基地。

目前，景区种植有荷花13个品种，配套水生美人蕉、睡莲、梭尾鱼及其他湿地植物。不仅装点了村容村貌，还大力发展了荷莲产业。在乡村景观建设中融入了荷文化、廉洁文化和家风文化，让游客在潜移默化中感受到“一身正气、两袖清风”的清廉文化。

月亮湾设中华家风馆和巴蜀家谱馆。家风馆分为华夏家族、家族文化、中华家训、中华家风四个板块。寻觅家族的起源、探索生命的本真，展现中华民族的家国情怀。家谱馆分为川南议事堂、家谱档案室、家风讲堂、文创作品及展览室等，主要呈现四川区域内清代以来的家谱、家规家训。目前已经收藏了巴蜀家谱500余册，整理展出了100多册。四川省社科院以及一些高等院校也将这里作为家谱文化研学基地。

二十九、大庙村乡村振兴示范村

大庙村位于南溪区刘家镇东南部，距离南溪城区直距约6千米，面积3.2平方千米。

刘家镇大庙乡村振兴示范片总投资6000万元，总面积7200亩，其中核心区3000亩。示范片按照“九曲龙滩河　竹韵雷公山”的形象定位，规划建设有雷公寨、双鱼抱月、特色民宿等项目41个，以雷竹、花椒等为主导产业。秉承生态绿色发展理念，通过人才、资本、土地等要素有效整合，着力打造产业支撑有力、人居环境优美、基层治理有效、生态人文和谐的乡村振兴示范片。

南溪区·城市新姿

·第五章·

江安　民居典范

江安县是一个已有1650多年历史的川南名县，位于四川南缘，长江之滨，宜宾之东，三市（宜宾、泸州、自贡）之交，东邻泸县、纳溪，西连南溪、长宁，北界富顺。县境南北长591千米，东西宽15.5千米，地形呈蚕条状。全县辖区面积948.46平方千米，辖14个乡镇。江安地跨北纬28°22′20″~28°56′45″，东经104°57′40″~105°14′33″。江安县人民政府驻地为江安镇竹都大道。

根据第七次人口普查数据，截至2020年11月1日零时，江安县常住人口为424 470人。江安自古就是长江重要口岸，人称“万里长江第一渡”。

江安县经济以农为主，盛产水稻、小麦、红薯、高粱、油菜、豆类等农作物，是全国夏橙基地县、商品粮基地县、蚕桑生产县、瘦肉型生猪基地县。近些年，江安工业和服务业也有了很大的发展，基础设施建设变化显著。

2021年，江安县地区生产总值（GDP）突破200亿元大关，达到203.98亿元，可比增长7.5%。其中，第一产业增加值37.13亿元，增长7.0%；第二产业增加值80.38亿元，增长6.1%；第三产业增加值86.46亿元，增长9.1%。三次产业比重为18.2：39.4：42.4，产业结构进一步优化。①

2022年，江安县地区生产总值为204亿元。②

江安县境内山川秀美，物产丰富，人文荟萃，在省内外都有一定的知名度，苏轼、苏辙、黄庭坚、范成大、杨慎、王七祯、曹禺、吴祖光、谢晋等，都曾留足江安，留下了深远的文化影响。1995年，江安经省政府批准为“省级历史文化名城”。2020年，江安入选县城新型城镇化建设示范名单。同年7月29日，入选2019年重新确认国家卫生乡镇（县城）名单。

---

① 出自《江安县2021年国民经济社会发展公报》。

② 数据由今日头条号缩缩经略、宜宾头条于2023年2月4日发布。

江安县享有“中国橙海和竹海故都”之称，历史悠久，文化深厚。江安县拥有夕佳山古典庄园、国立剧专旧址、江安竹工艺、江安奇石四大文化品牌，同时是四川省历史文化名城、四川省文化先进县。

第一节　发展定位

一、目标定位

1．中国戏剧文化名城。

2．川南重要文化休闲生态度假旅游目的地。

3．四川省全域旅游示范区。

二、形象定位

“戏剧之乡·文化江安”：这个形象定位集中反映了抗战时期国立剧专内迁江安，有众多迁客骚人在此客居，浓厚的文化历史底蕴综合展现了江安的形象和风貌。

三、空间布局

构建“1224”文旅格局，即“一城、两心、两轴、四区”的空间结构，构建全域协同发展、地域特色鲜明的文旅产业大格局。

1．“一城”：江安历史文化名城。

2．“两心”：戏剧文化旅游发展中心、夕佳山民居文化旅游发展中心。

3．“两轴”：长江生态文化旅游发展轴、迎红公路全域旅游发展轴。

4．“四区”：乡村田园休闲旅游区、城市漫步休闲文化旅游区、生态康养民俗文化体验区、竹文化生态旅游度假区。

第二节　资源和产业

一、资源概况

江安文化旅游发展基础较好，主要依托以仁和百竹海、夕佳山古民居、橙花岛、小三峡、南屏山为核心发展休闲旅游产业，着力打造油菜花节、桃花节、橙花节、荷花节、柿子节及开展各种采摘蔬果活动，突显江安文化旅游特色和品牌。

目前，全县已查明文旅资源共有10 305处。其中，文化资源9305处，旅游资源1000处。

（一）文化资源

文化资源有9305处。包括古籍113部3643册，发现143册。非物质文化遗产10项，其中国家级非物质文化遗产项目1个：竹刻·江安竹簧工艺，市级非遗项目3个：川南婚俗、红桥猪儿粑制作技艺、江安打莲枪；县级非遗项目6个："故宫"白酒传统酿造技艺、竹子造纸、安乐银氏酱油制作技艺、九大碗、明清古典家具雕刻技艺、棕编工艺。

可移动文物共4783件，有魏晋荆轲刺秦宴饮百戏画像石棺、魏晋杂要射猎画像石棺、1939年剧专教师曹禺《国立戏剧学校工作报告》手稿等一级文物10件，有1938年剧专教师吴祖光《正气歌》手稿、1936年剧专校长余上沅信件（复制品）、宋女供养人像浮雕墓石等二级文物8件，有1936年剧专在南京公演《狄四娘》《魔窟》特辑、1939年剧专在江安第四届招生考试手册、明万历八卦铁纽铜钟等三级文物145件，未定级文物4620件。

不可移动文物869处，有夕佳山民居国家级文物保护单位1处，国立戏剧专科学校旧址、油榨坪祠堂、吴氏民居、龙门口（故宫）御酒坊窖池、青峰寺剿匪战场遗址共计省级文物保护单位5处；还有安济庙题榕阁、井口武侯祠、龙门口节孝总坊、张文湘故居、佛灵寺摩崖造像等11处宜宾市文物保护单位，以及32处县级文物保护单位等。

现有19个镇级综合文化站、215个村（社区）综合文化服务中心、215个农家书屋，其中省级示范站2个，市级示范站4个，县级示范站13个，有百姓大舞台80个，全县户户通8万户、地面数字用户1万户。

推出舞蹈《古韵江安》《竹趣》，小品《飞翔的天使》，谐剧《红绿灯下》，歌曲《美丽江安我的家》等优秀文艺作品，选送优秀节目参加省市各项比赛，获得多项奖励。①

（二）旅游资源

旅游资源有1000处。包括优良级旅游资源326个，占旅游资源总数的32.6%，新发现旅游资源点403个，占旅游资源总数的40.3%。五级旅游资源7个，约占旅游资源总数的0.7%；四级旅游资源2个，约占旅游资源总数的2.7%。全县旅游资源分布于8个主类、24个亚类、82个基本类型，分别占标准分类中主类的100%、亚类的92.3%、基本类型的62.6%。

二、产业发展

现阶段，江安有天府旅游名镇1个、省级生态旅游示范区1个、国家A级景区1个、精品民宿2家、文旅特色村落1个。

2016—2019年期间，江安县旅游接待人数和旅游收入呈现良好递增势头，年旅游接待量由2015年的201.78万人次增加至2019年的654.17万人次，年均增长34%，旅游总收入由2015年的31亿元增加至2019的75.24亿元，年均增长24%。成功培育年营业收入3000万元以上文旅企业1家（剧源文化旅游开发有限公司）。旅游产业规模不断扩大，产业地位和作用日益增强，成为江安县社会经济发展重要增长点。2020年，旅游效益因疫情原因受到影响，有所下滑。

到2025年，预计旅游总收入和接待总人次实现新突破，文旅产业增加值迈上新台阶。力争年接待国内外游客量增长15%以上，旅游综合收入增长20%以上，到2025年，实现接待旅游人次达到1160万人次；旅游总收入突破139亿元。江安力争创建为全国特色文化产业示范县、全国休闲农业和乡村

① 出自2020年宜宾市文旅资源普查资料。

旅游示范县，积极创建四川省全域旅游示范县、天府旅游名县候选县；实现创建省级核心品牌3家（省级旅游度假区、省级生态旅游示范区、4A级旅游景区）以上。国立剧专旅游休闲街区创建为省级旅游休闲街区；建设四星级标准以上酒店2家以上；新创建一批3A级景区，培育创建“天府旅游名镇”“天府旅游名村”“天府旅游名宿”“天府旅游名品”“天府旅游名导”和“天府旅游美食”等系列天府旅游名牌，建设一批研学基地、文化主题旅游饭店、星级旅游民宿、星级农家乐等。①

第三节　文旅特色

一、特色文旅

江安文旅产业特色主要有酿酒粮基地、红色文化、竹林生态、特色民居、地方名吃、竹工艺品等。文旅资源特色具体表现为地文景观、生物景观、建筑与设施3个方面。

江安县文旅核心资源有田园风光、历史文化、民居文化、红色文化、高山竹海风光5个方面。国立剧专旧址、夕佳山古民居、南屏山红佛寺、城北江边的睡佛寺、题榕阁，东城的龙门口节孝总坊，井口镇的武侯祠、毗卢寺以及桐梓镇橙花岛上的“古县坝”、四面山镇的南井盐矿旧址、怡乐镇的马腿津战斗遗址、夕佳山五里村民俗村落等已成为江安人休闲和谈古论今的好去处。

同时，这些古迹名胜让大文豪苏东坡、黄庭坚、杨升庵、巴金、曹禺等驻足流连，吟诗作赋，著书立说，他们的文风影响了一代又一代江安人。

古有明朝兵部尚书杨鼎和，近有著名教育家和收藏家傅增湘、著名学者朱青长、书法家黄稚荃、史学家周传儒、地质学家“攀枝花之父”常隆庆等江安籍文人、豪杰给江安故土留下了一笔笔文明发展墨迹；早期的新民

① 出自江安县《“十四五”文旅发展规划》。

主主义革命先烈梁伯隆、李司克为追求中国革命道路而英勇牺牲和以傅哲民、马道钦为代表的仁人志士“血战到底”的抗日精神也深深留在江安的红色文化中。

二、地方特产

有江安黑山羊、江安大白李、江安夏橙、江安竹簧雕刻、竹工艺品、江安凉席、竹笋竹荪、红桥磕粉、华夏春酒等。

三、美食美味

有红桥猪儿粑、江安麻辣凉粉、缠丝焦饼、川味叉烧包子、江安烧腊等。

四、非物质文化遗产

江安县非物质文化遗产共计15项，国家级1项、市级5项、县级9项。其中，国家级、省市级主要有竹刻（江安竹簧）、江安打莲枪、红桥猪儿粑制作技艺、“故宫”白酒传统酿造技艺、四川谐剧、川南婚俗等。[①]

第四节　景区景点

景区景点：仁和百竹海生态旅游区、红佛寺、夕佳山民居、天宝寨、江安吴氏民居、长江竹岛景区、青峰寺森林公园、国立戏剧专校旧址、油榨坪祠堂、仁和响水洞生态旅游区、南屏山天然公园、红岩柿子部落景区、鹿鸣王家大院、柏杨塆民居、龙门口御酒坊窖池、青峰寺剿匪战场遗址、连天山凤凰寺、大妙乡鸡冠寨等。

① 出自2020年宜宾市文物普查资料。

一、夕佳山民居

古民居位于江安县夕佳山镇，始建于明万历四十年（1612年），清代扩建竣工，是一座典型的川南封建地主庄园，是自给自足的封建自然经济的产物和实物佐证。其历史之悠久、保存之完好，在川南乃至全国都极为罕见。有着400多年历史的夕佳山庄园式民宅，是我国目前保存最完整的古代民居建筑群之一，被誉为“中国古民居活化石”。有多个影视作品在此民居拍摄制作。

夕佳山民居隐于川南青山绿野大自然中的文人大宅，为何选址坐南朝北面向长江，而不是师法传统，按照民宅正宗选址朝向坐北面南，至今是个谜。

江安夕佳山民俗博物馆就在夕佳山民居内，1988年10月19日建成，向中外游客开放。博物馆位于著名的国家风景名胜区“蜀南竹海”边缘，距江安县城20千米。该馆于1996年被国务院批准为国家重点文物保护单位，国家4A级景区。

二、吴氏民居

吴氏民居，位于江安镇二社区烟巷子8号左距西正街80米。该民居建于清代，为吴姓绅人建造，坐东向西，大致呈正方形布局，占地面积1427平方米。民居建有前厅、中厅、后厅、厢房、耳室、花园等，呈6个四合院落组合排列。

吴氏民居是保存完整的城市民居，布局严谨，屋宇高昂，做工精细，雕饰精美，实用功能齐全，是研究城市民居建筑不可多得的文化遗产，是江安省级历史文化名城的重要支撑点。

2012年，该民居被省人民政府公布为文物保护单位。

三、柏杨塆民居

柏杨塆民居，又名“白羊塆”民居，位于留耕镇留耕村柏杨塆组。该民居始建于清代，具体年代不详，坐东北向西南。分别建在四层不同台基上，前低后高，为组合四合院式，纵深3进，横向左为一进厢房，右为二进厢房。

相传在很多年前，这里是一个花果满山、树木参天的山塆。人们经常在林中看见有两只白色山羊。一天，来了个追捕金钱豹的老猎人，疲惫不堪的他倒在土坎上睡着了。睡梦中，见一白衣少年气喘吁吁地急呼求救。老猎人突然惊醒，执叉背弓，见山坡上金钱豹正扑向两只白羊。老猎人急忙拈弓搭箭，一箭射中了金钱豹，两只白羊获救了。老猎人射死金钱豹后，才如梦初醒地意识到是其中的一只白羊所托之梦。为了感恩，白羊又托梦于老猎人，让其在这山塆建宅安家居住。后来，老猎人在这山塆里建造起了房舍，过上了幸福生活。为了纪念那两只白羊，老猎人将华居起名叫“白羊塆”。但后来不知何时，人们将“白羊塆”改成了音同而字不同的“柏杨塆”。

2010年，江安县人民政府将此民居公布为文物保护点。

四、大妙乡鸡冠寨

大妙乡鸡冠寨是当年红军川滇黔边区游击纵队转战地，位于江安县大妙乡与仁和乡交界地，距江安县底篷镇10千米。

1935年农历九月，红军攻打了泸州市江阳区的兰田坝和纳溪区的大洲驿后，约四五百红军转战到鸡冠寨和均坝岩上，开展游击斗争。在此期间，红军将小屋基、老房子等地主的3000多斤粮食分给穷苦农民，还向群众宣传了共产党的主张和红军的纪律，受到这一带群众的支持和欢迎，当地百姓将自己的子弟送到红军队伍中当兵打仗。

鸡冠寨遗址既是古迹又是红军战斗遗址，而今已修缮为红色教育基地。

五、红岩柿子部落

红岩柿子部落旅游景区位于江安县南屏山南麓。部落景区有天宝洞藏，山清水秀，风景旖旎，集山的奇秀、水的柔美于一体，毗邻古河七洞沟、蟠龙小山峡，具有得天独厚的旅游资源。

该区域绿树成荫，溪流淙淙，5千米岩线绵延相接，站在岩边可远眺百里竹海风光，美不胜收。

六、红佛寺

红佛寺位于江安城南2.5千米处的钟秀峰下，2000年12月批准开放为佛教活动场所。据县志记载，红佛寺始建于南宋，清康熙年间农民垦地得石佛正红供之，故而得名“红佛寺”。红佛寺所在罗家岩镜子坎形成的山势被古人喻为“蝙蝠双翼”，又形如一把“护手椅”。

七、天宝寨

天宝寨位于江安县境内，为蜀南竹海一级景区。相传始建于清代道光年间，地方官府为防御石达开太平军入川而建。

天宝寨地形险要，易于防守，古寨长1500米，高20米，宽10米左右。洞的顶部均系岩石构成，多为半边洞，依洞而建，曲折奇特，内有独具匠心的13道坚固的石寨门，易守难攻，民国初年匪盗为患，又曾作为防匪要寨。

八、仁和百竹海生态旅游区

仁和百竹海生态旅游区位于万里长江上游河谷、四川盆地南缘，宜宾之东，三市（宜宾、泸州、自贡）之交的江安县仁和乡境内，方圆126平方千米，被称为蜀南竹海的“姊妹海”，最近处仅相隔1华里。距江安县城30余千米。该省级生态旅游景区西邻国家4A级风景名胜区、全国旅游四十佳——蜀南竹海，北接国家4A级风景名胜区、全国重点文物保护单位——夕佳山古民居，地处四川自贡竹海旅游区黄金旅游环线上，区位优势十分突出，是宜宾市旅游规划中重点开发的旅游风景区。

仁和百竹海拥有国家级珍稀濒危保护植物9种，国家一级保护植物桫椤万余株，草本蕨类植物50多种、珍稀濒临植物9种、珍稀野生动物30多种、动物70多种；竹林面积10多万亩（蜀南竹海约7万亩）。杂竹遍布景区64座山岭，有斑竹、慈竹、墨竹、大黄竹、白甲竹、罗汉竹、水竹、大白竹、苦竹、楠竹等100余个竹子品种竞相生长，号称百竹海。

景区内山岩叠翠，溪瀑纵横、鸟语花香、绿草成荫，自然生态原始幽深，流泉飞瀑，飞珠溅玉。置身其中，仿佛置身于天然氧吧。有响水洞（蜀南一绝），太公钩鱼石，九道拐百竹泉，长滩子，十里迷魂谷，三国蛮王孟获大本营仁和寨，漏仓子（接引寺），寒婆领，桫椤谷（猫猫沟），大呼丫、小呼丫，鸡冠寨，易家沟，跳罗丝，白茅洞，小安滩、大安滩，高洞滩，门坎滩，走马滩，九龙滩，黑皮滩，点将台，大营盘、中营盘、小营盘，大校场、小校场，跑马场，射箭场，钟顶山，连天山，莲花池，鬼门关，蔡伦庙，会龙村清代范氏墓群，鹿鸣村清代民居建筑王家大院，干岩子摩崖观音，清代弥勒石刻，寨子头，寨子湾飞泉，大岩湾瀑布，石棺材，鬼关门，关门石，冬瓜石，石锣、石鼓、石寨子，钟鼓石，王府洞等人文景观、历史遗迹和自然景观大、小景点100余处，是川南旅游大环线上的尚待开发的处女地，是四川省竹类、蕨类自然保护区和生物基因库，是宜宾市旅游规划中重点开发的旅游区，素有蜀南竹海姊妹景区之称誉，正申报国家级自然生态保护区。

在竹蕨类观赏区，九龙滩、钟顶山、连天山、仁和寨、迷魂谷、长滩子、莲花池、蔡伦庙等景点在奇山异水中展示着清新迷人的风姿。

九、长江竹岛景区

长江竹岛景区位于江安县河中村，是以竹生态、竹文化为主题的生态博览园。全岛共栽植竹类植物400余种，总量近50万株（棵），为了让游客更好地了解竹子，竹岛为每一种竹子设置了一个铭牌，详细介绍该类竹子的情况。岛内还设有空中栈道、石竹园、偶住亭、奇竹园等24个景观节点，为市民提供“观”“感”“识”“玩”四大体验，吸引了大批市民和游客拍照留念。

长江竹岛原名河中村，因形似牛角，江安本地人又叫它牛角坝。该项目总投资3亿元，占地800亩（枯水期），是长江上游首个以竹生态、竹文化为主题的生态博览园，2018年6月正式启动建设，于2019年国庆期间首次对广大市民全面开放。

十、橙花岛

橙花岛原名古贤坝，岛顺江长2千米左右，宽1.5千米左右，岛域面积约3.5平方千米。其现在行政称谓为阳春镇双江村，原属江安县桐梓镇辖村，因其地理位置在长江之中且四面环水，便成其岛，又因岛上种植橙树上万株，故美名橙花岛，也是长江上游宜宾至江安间的唯一岛，故又有“万里长江第一岛”之美誉。

橙花岛系长江中心冲积成的三角洲，土壤肥沃，自然条件优越，盛产夏橙、脐橙等橙类水果。橙花岛上种植橙类水果已有近八十年历史。

1936年，时任四川大学农学院副教授的张文湘先生，赴美国加州大学洛杉矶分校研究院进修，对加州柑橘进行了系统研究，1938年回国后任四川大学农学院园艺系教授，从加州带回的伏令夏橙、罗伯逊脐橙、华盛顿脐橙、红玉血橙等一年生嫁接苗，经过精心培育，在川内栽培推广。1943年张文湘教授将上述几种夏橙、脐橙、血橙种植于江安县长江段的大中坝上。

因有张教授此举之成功，方有橙花岛今日橙花馥郁芳香、夏橙脐橙硕果累累，并以橙为媒带动旅游业及国际度假村建设的发展！

十一、青峰寺森林公园

青峰寺森林公园位于江安县境内，距县城13千米。该处地形独特，由“人”字形的山峰峭壁所组成，面积8平方千米，森林密布，花果飘香。有3平方千米的青峰湖，湖面如镜。青峰寺森林公园山清水秀，风光宜人，有大小景点50余处，清风日出，苍山云海，令人流连忘返。

公园内有青峰寺革命纪念馆，缅怀解放初期川南剿匪战斗中牺牲的革命烈士，被辟为“爱国主义教育基地”。青峰寺1995年被批准为省级森林公园。

江安县·雪里山乡

· 第六章 ·

长宁　竹海之都

长宁县位于四川盆地南缘，宜宾市腹心地带，介于东经104°44′22″~105°03′30″，北纬28°15′18″~28°47′48″之间。长宁县南北两端小，中腹较大，地势南高北低，南部为中低山，中北部为丘陵，面积941.71平方千米，地势南高北低，海拔245.9~1408.5米。森林覆盖率62.8%，空气中负氧离子含量最高可达47 000个/立方厘米（七洞沟），是著名的长寿之乡。截至2019年8月24日，长宁县辖13镇。根据第七次人口普查数据，截至2020年11月1日零时，长宁县常住人口为327 904人，除汉族外，还有苗、彝、回、藏、壮、满、哈尼、傣8个少数民族。长宁县人民政府驻地为竹都大道二段116号。

长宁县以旅游经济为主，农业主要为竹类、柑橘、蚕桑、茶叶、畜禽5大类。长宁是全国十佳生态养生旅游名县、四川天府旅游名县，拥有蜀南竹海和七洞沟等4个国家4A级旅游景区，2018—2019年蝉联中国最美县域。

2021年长宁县地区生产总值（GDP）突破200亿元，达到200.16亿元，按可比价格计算，比上年增长7.0%。其中，第一产业增加值35.22亿元，增长8.7%，对经济增长的贡献率为22.9%，拉动经济增长1.6个百分点；第二产业增加值83.23亿元，增长4.8%，对经济增长的贡献率为28.4%，拉动经济增长2个百分点；第三产业增加值81.71亿元，增长8.7%，对经济增长的贡献率为48.7%，拉动经济增长3.4个百分点。三次产业结构由上年（2020年）的18.8：40.5：40.7调整为17.6：41.6：40.8。[①]

2022年，长宁县地区生产总值为200.2亿元。[②]

长宁县为古蜀国地。唐初，置羁摩长宁州，辖婆员、波居、青盐、龙门四县。自秦汉以来900年间，川蜀战乱频繁，然而重大兵事行动，都未波及长

① 出自 2021 年长宁县政府工作报告。
② 数据由今日头条号缩缩经略、宜宾头条于 2023 年 2 月 4 日发布。

宁这块肥沃富饶的土地。正如长宁旧县志记载："长宁于蜀南最远，蜀每有事而长宁独晏然自保。"

长宁县境内山清水秀，风景优美，旅游资源得天独厚，是"中国竹子之乡""全国休闲农业与乡村旅游示范县""中国最佳乡村旅游目的地""中国十佳生态养生旅游名县""四川省旅游强县""四川省乡村旅游强县"。

第一节　发展定位

一、目标定位

1．天府旅游名县。

2．全域旅游示范区。

3．中国最佳乡村旅游目的地。

二、形象定位

"魅力竹海·活力长宁"：这个形象定位集中体现了长宁的资源优势与特色，彰显了长宁的生态地位及旅游价值。

三、空间布局

"一核一带，四区多点"。

1．"一核"：旅游服务发展极核，以长宁县城为核心，结合产业融合，提升旅游服务接待、生态养生、文化休闲功能等。

2．"一带"：文旅融合发展生态带：依托淯江生态带，串联双河、竹海—长宁—古河，植入生态度假、文化娱乐、养生体验等功能，沿度假带构建"24小时+全季"旅游产品。

3．"四区"：北部乡村休闲旅游片区、南部竹石林生态旅游片区、东部竹海观光度假片区、西部乡村文化体验旅游片区。

4．"多点"：开设乡村农旅特色示范点，如古河镇幸福村乡村振兴示范点（绿竹）、梅白镇洪谟村乡村振兴示范点、古河镇保民村乡村振兴示范点（生猪+水果种养殖循环）、长宁镇佛梨村乡村振兴示范点（甜梨）、铜鼓镇天泉乡村振兴示范点（枇杷）、竹海镇大林村乡村振兴示范点（稻鱼综养）、竹海镇永江村乡村振兴示范点（竹文化）等。

第二节　资源和产业

一、资源概况

长宁地处川南渝西结合部，自古钟灵毓秀、人文厚重。长宁拥竹而生，因竹而名。有近1400年的建县史、1300余年的竹文化传承史，是明代礼部尚书、太子少保周洪谟，清末川南怪才苏济川以及曾任中共中央秘书长的余泽鸿等历史文化名人和革命先烈的故乡。

目前，全县已查明共有文旅资源2654处。其中，文化资源1392处，旅游资源1280处。

（一）文化资源

文化资源有1392处。共有可移动文物、不可移动文物、非物质文化遗产、地方戏曲剧种4大类文化资源共1392个。

其中新发现资源5个，占总数的0.36%；国家级资源1个，省级（二级）资源8个，市级（三级）资源47个，县级资源12个，共68个，占总数的4.7%。核心竹海景区面积120平方千米。

现有可移动文物有807件，国家二级文物1件：晋王石棺；国家三级文物：44件；一般文物762件，其中蜀南竹海博物馆保存634件，长宁文物库房保存173件。

不可移动文物有567处，其中全国重点文物保护单位1处：七个洞崖墓群；有省级文物保护单位4处：中共川南特委会议会址（含余泽鸿故居）、双河文庙、仙寓洞石窟寺、龙吟寺；有市级文物保护单位4处：桂花金鱼桥、葡萄井、观音岩摩崖石刻和普陀岩摩崖石刻；有县级文物保护单位5处：文武宫，相岭节孝坊、殿子上红军标语、飞泉寺、忠烈丕著坊；县内一般文物点553处。

现有县级以上非物质文化遗产代表性项目共12项，以传统技艺为主，民俗、曲艺、民间文学次之。省级3项：苏济川虫虫歌、长宁车车灯（又名四川车灯）、双河凉糕制作技艺（四川小吃制作技艺）；县级9项：竹海酒传统酿造技艺、长宁县竹建筑建造技艺、长宁县全竹宴传统烹饪技艺、长宁县古旧家具修复技艺、长宁县中秋耍香宝习俗、双河酱粑酱油酿造技艺、长宁笋壳黄粑制作技艺、长宁竹雕技艺、长宁竹编技艺。

现有文化馆1家，图书馆1家，蜀南竹海博物馆1家，竹凉糕非遗馆1家，余泽鸿烈士纪念馆1个，余泽鸿故居陈列馆1个，中共川南特委会议会址陈列馆1个。公共电子阅报屏24个，广播电视台1个，广播电视发射台（站）6个，已建成应急广播县级平台1个、乡镇广播站13个、村广播室140个，应急广播覆盖率达100%。全县已建成数字影院4个，全县13个乡镇文化站（中心）全覆盖，全县28个社区和140个行政村文化室全覆盖。

目前，长宁拥有“1+8”的文化资源结构。“1”指的是竹文化旅游资源，“8”分别是以中共中央秘书长、中共川南特委书记余泽鸿为代表的红色文化资源，以竹海酒、国美酒、安宁烧酒为代表的酒文化资源，以周洪谟、李永通为代表的国学文化资源，以双河盐井为代表的盐文化资源，以侯光炯为代表的农耕文化资源，以七洞沟为代表的东汉文化资源，以车车灯为代表的非遗民俗文化资源和有西南地质博物馆之称的地质文化资源。

现有国家级文物保护单位1个（七个洞汉代崖墓群），省级文物保护单位3个（双河文庙、仙寓洞石窟寺、龙吟寺），市级文物保护单位4个，县级文物保护单位4个。[①]

（二）旅游资源

旅游资源有1280处。其中，优良级旅游资源221个，占17.3%，新发现旅游资源点360个，占28.51%。五级旅游资源21个，约占1.64%；四级旅游资

① 出自 2020 年宜宾市文旅资源普查资料。

源36个，约占2.81%。全县旅游资源分布于8个大类、23个亚类、79个基本类型，分别占标准分类中大类的100%、亚类的88.5%、基本类型的60.30%。新发现三江湖生态康养度假地、长宁丘海五级旅游资源2个，新发现中坪村桫椤沟等四级旅游资源5个。

截至2021年，有国家A级景区10个，其中国家4A级景区5个、国家3A级旅游景区5个。5个4A级景区，包括蜀南竹海景区、七洞沟景区、蜀南花海景区、佛来山景区、西部竹石林景区。其中，国家级风景名胜区2处：蜀南竹海、西部竹石林；国家级自然保护区2处：长宁竹海、长江上游珍稀鱼类；全县有“国家4A级旅游景区”5个：蜀南竹海、蜀南花海、七洞沟、西部竹石林、佛来山；“国家3A级旅游景区”5个：竹海酒庄、龙蟠溪、苦竹天泉、泽鸿故里、洪谟故里；国家级文物保护单位1处：七个洞东汉崖墓群；省级文物保护单位4处。

二、产业发展

长宁县现有星级饭店5家，其中五星级1家（世外桃源度假酒店）、四星标准1家（蜀南金碧酒店）、三星级1家（翡翠度假村）、二星级酒店2家（桔湘宾馆、竹海大酒店）。

目前，有全国乡村旅游示范区1个、5A级特色旅游购物城1个、国家森林康养基地7家、省级森林人家4家、5A酒店1家、四座标准酒店2家、3A级酒店7家。

2019年，长宁县全年接待游客1201.78万人次，实现旅游总收入142.1亿元，增长14.9%。2020年，受疫情影响，长宁县全年接待游客965.09万人次，实现旅游总收入106.31亿元。

“十四五”期间，长宁争创1个国家级旅游度假区（蜀南竹海），2个国家4A级旅游景区（余泽鸿故居景区、双河葡萄井景区），国家A级景区总量达到12家以上。积极打造龙头镇氡温泉、长江上游珍稀鱼类园，铜锣镇欢乐竹里、花滩宁春湖、老翁镇“橘子红了”、井江镇升登梯田等乡村旅游点。

第三节　文旅特色

一、特色文旅

文旅产业主要依托蜀南竹海旅游目的地知名度，以竹文化为底蕴，以竹海生活特色体验为引领，以生态康养为特色，建设集文化观光、文旅体验、民俗游乐、情景商业、休闲度假五大功能于一体，具有国际品质的国际竹生态文旅康养目的地、国家文化产业和旅游产业融合发展示范区。

文旅特色包括：竹生态竹文化；即竹海、丘海、花海，淯江流域丘陵风光、中国南方喀斯特、中国丹霞景观等其间囊括了包括竹林风情、特色产物、地方名吃、现代农业、生态康养、历史文物、竹工艺品等。长宁县经常开展规模大、内容丰富、富有地域特色的龙灯节、梨花节、龙舟节、美食节、春笋节等群众文化活动。

二、地方特产

有长宁竹根雕、长宁竹器、长宁苦笋、长宁冬笋、长宁长裙竹荪、古河甜橙、三元枇杷、名茶“乡春茗”和“祥凤玉竹”、君子酒、洪谟酒、竹海老窖、安宁烧酒等。

三、美食美味

有葡萄井凉糕、竹海全竹宴、胭脂大头菜、蝶式腊猪头、猪儿粑、双河豆花、长宁豆豉、长宁豆豉粑、长宁黄粑等。

四、非物质文化遗产

长宁县非物质文化遗产共计12项，省级3项、市级5项、县级4项。其中，省市级主要有“苏济川”虫虫歌、四川车灯（车车灯）、四川小吃制作技艺（双河凉糕制作技艺）、长宁县全竹宴传统烹饪技艺、双河酱粑酱油酿造技艺、长宁笋壳黄粑制作技艺、长宁竹编技艺、竹海酒传统酿造技艺等。[①]

第四节　景区景点

景区景点：七洞沟景区、蜀南花海景区、西部竹石林景区、仙寓洞、龙吟寺、双河灾后重建新镇、双河文庙、余泽鸿故居、川南特委会议会址、佛来山景区、苦竹寺天泉景区、龙蟠溪景区、竹海海庄景区、龙吟寺石刻像、竹海忘忧谷、飞泉峡、碧浪湖、七个洞崖墓群、周洪谟故里等。

一、蜀南竹海景区

蜀南竹海景区位于长宁县竹海镇，面积120平方千米，核心景区45平方千米，共有八大主景区，“两海”景区有134处景点。由27条峻岭，500多座峰峦组成，景区内共有竹子400余种，7万余亩，楠竹枝叠根连，葱绿俊秀，浩瀚壮观。

蜀南竹海是世界上集中面积最大的天然竹林景区，是世界罕见、中国唯一的集竹景、山水、湖泊、瀑布、古庙于一体，同时兼有历史悠久的人文景观的竹文化、竹生态休闲度假旅游目的地。独特的地理位置，造就了“云山竹海，天上人间”。蜀南竹海的植被覆盖率达92.4%，景区内绿色怡人、空气清新，是一座天然的绿色大氧吧，更是川南地区著名的影视基地，《卧虎藏龙》《大人物》《大酒商》《风云2》《爱到春潮滚滚来》《勇士》浙江卫视《24小时》真人秀栏目等诸多影视作品和综艺节目都将蜀南竹海作为外景拍摄地点。

蜀南竹海是首批国家4A级旅游景区，拥有国家级风景名胜区，有中国旅游胜地四十佳、中国最美十大森林、中国生物圈保护区、世界“绿色环球

---

① 出自2020年宜宾市文物普查资料。

21”认证景区、四川最美丽景区（熊猫奖）、中国绿色低碳旅游最具发展竞争力第一品牌、省级旅游度假区等称号。

二、七洞沟景区

七洞沟风景区是近几年才成长起来的4A级景区，加入了现代游玩方式，可以让旅客以更轻松愉悦的方式体验七洞沟漂流、玻璃桥和蜀南花海的美景。

七洞沟景区位于长宁县古河镇，是国家4A级旅游景区，拥有国家重点文物保护单位“七个洞东汉崖墓群”、四川省生态旅游示范区、四川省森林康养基地等称号。

三、七个洞崖墓群

崖墓群位于长宁县古河镇七洞沟景区内，始建于东汉，分布于岷溪河沿岸。墓门呈方形，由外到内逐层缩小，门额及两侧都凿有整齐平行斜线或错向三角斜线。墓门和峭壁上有浮雕，有飞龙、舞女、花卉、杂技、灯笼等189幅图案、29种类型和文字题记。

四、双河古镇

古镇双河位于四川盆地南缘，镶嵌在长宁、珙县、兴文三县结合部，因有东西两溪环绕古镇而名曰“双河”。全镇辖21个行政村，1个街村，面积86.97平方千米，人口2.8万余人。

双河凉糕是出产于长宁双河“嘉鱼清泉”的名小吃，更是名扬川南乃至全国。每到春暖花开时，“凉糕一条街”上百家凉糕商凭祖传的精湛手艺，用精选的特殊大米通过12道严格的工艺流程把凉糕制成，深受省内外游客的喜爱。而今，双河凉糕已经打造成为“东方冰淇淋”“火锅伴侣”全国驰名品牌。

2019年6月17日，长宁县双河镇发生6.0级地震，损坏严重。在党中央、四川省委的高度重视和各方援助下，双河镇大力实施灾后重建。一共建有葡萄、合家和杨柳3个灾后重建聚居点，总投资1.43亿元。目前已全部建成并分配到户，集中安置受灾群众458户，共1309人，当地居民已基本入住。

经过几年努力，双河镇已经建成为全省乡村振兴示范镇。现在的双河古镇每一天都在变美！地震后的古镇在浴火中获得重生，各个灾后重建项目逐步收尾。双河镇的“思源小区”，是由群众自发命名的，小区名字充分表达了双河受灾群众饮水思源的感谢党恩之情。

五、蜀南花海景区

蜀南花海景区位于长宁县古河镇和乐村。景区是长宁县乡村旅游示范带动项目，项目面积为10 000余亩。景区核心区由游客中心、陆上花廊、水上画廊、花漫水乡、紫薇迷宫、梦幻半岛组成，是集花海观光、户外运动体验（玻璃桥、滑草、骑马、竹筏、拓展等）、户外乐园、婚纱摄影基地、鲜果采摘、度假露营为一体的旅游目的地。

现在，蜀南花海景区已经打造成为国家4A级旅游景区，拥有四川省生态旅游示范区、四川省十大赏花旅游目的地、四川省森林康养基地、省级中医药健康旅游示范基地等荣誉称号。

六、梅白碧浪湖

碧浪湖位于长宁县梅白乡碧浪湖村。碧浪湖又名洪谟湖，原名方泗滩。湖水面积1000余亩，鱼虾丰富，适宜候鸟越冬，是川南最大的候鸟乐园。

近年来，随着长宁县生态环境的改善，迁徙到碧浪湖过冬的候鸟数量和种类逐年增多。目前经专家确认的候鸟种类有钳嘴鹳、矶鹬、白骨顶鸡、黑水鸡、白眼潜鸭、红头潜鸭、赤膀鸭、绿头鸭、绿翅鸭、斑嘴鸭、针尾鸭等10多种，其中野鸭最多。每年立冬后，都有一大批候鸟来此越冬，到12月底时，越冬候鸟数量达到上万只，到第二年的3月，越冬候鸟才陆续飞走。成千上万的候鸟吸引了不少喜爱观鸟的市民和摄影爱好者。

碧浪湖边有多家农家乐，可以品尝梅白粉条、土鸡、豆花、时令蔬菜等农家菜肴，每到周末，前来休闲的市内外游人络绎不绝。

七、佛来山旅游景区

佛来山位于长宁县长宁镇境内。佛来山，又名飞来山，古称“小峨眉”，海拔高694米，由80多个小山组成，面积14平方千米。

据历史记载，佛来山曾是景色秀丽的佛教名山、旅游胜地，早在唐朝，山上就建成了佛教寺庙西明禅寺，明朝洪武年间重新修建，清朝达到鼎盛，有庙宇近10个，僧侣200余人，占地40余亩。景区有石燕子景区、“佛临三潭”景区、佛顶景区、水口景区等。

同时，佛来山景区已经获批为国家4A级旅游景区，拥有全国农业旅游示范点称号。

八、西部竹石林景区

西部竹石林景区位于长宁县梅硐镇西部，是国家4A级旅游景区。竹石林景区集喀斯特地貌、楠竹、苦竹、水竹丛生于一体，奇峰叠翠、景色迷人，拥有四川省生态旅游示范区、世界上最古老的喀斯特地貌、世界上最独特的竹石林奇观、世界遗产“中国南方喀斯特”候选地等称号。

九、余泽鸿故居景区

余泽鸿故居景区位于梅硐镇，是国家3A级红色旅游景区。革命烈士余泽鸿出生成长于此。近年来，经地方政府修缮打造，该景区成为红色文化教育基地。

故居现有四川省首批中小学红色教育研学实践基地、宜宾市爱国主义教育基地、宜宾市干部教育培训现场教学基地等称号。

十、龙蟠溪景区

龙蟠溪景区位于硐底镇，是国家3A级旅游景区，面积约6平方千米，两山夹一槽形成龙蟠溪山的旅游基础。在龙蟠溪书院，收集整理出本土历史名人苏济川所作《虫虫歌》120篇。

十一、苦竹·天泉景区

苦竹·天泉景区位于长宁县铜鼓镇，是国家3A级旅游景区。苦竹寺始建于元代，是长宁县最早对外开放的宗教场所。

十二、周洪谟故里景区

周洪谟故居，位于长宁县梅白镇洪谟村周家湾。目前故居老屋瓦片、石条、石墩、石柱、石基、石梯尚存，另有清嘉庆九年（1804年）修葺的周氏二世祖的墓地，保存完好，上面刻有“周洪谟正统榜眼由国子监祭酒升礼部尚书”等字样，清晰可辨。

周洪谟（1417—1491），四川宜宾长宁人，明正统十年（1445年）进士及第，殿试榜眼，是明成化、弘治年间的朝廷重臣，官至礼部尚书、太子少保。明代史学家称他“历官有声、为世名臣”“为国名儒”。在《明实录》中保留着大量他的奏疏，既有只言片语，亦有长篇大论，在教育改革、明朝礼制建设和地方稳定等方面尤多。在维护地方稳定上，最有建树的事迹是“侨置荆州、襄阳流民”的见解和处理川南都掌人的方案，起到了稳定荆襄、稳定川南、促进开发的重要作用。

周洪谟怀抱着以儒治国的传统儒家思想，有献身社稷的豪情。他遇事即言，直面时弊，行事灵活，厉行改革。为官四十六年，历经正统、景泰、天顺、成化、弘治五朝四帝，经历“土木堡之变”“京师保卫战”以及“夺门之变”。其所处之时，正是明朝历史上的转折点，政治日趋黑暗，内有宦官乱政，外有强虏侵扰，他能在动荡的政治漩涡中，有所作为，受到敬重，实属不易。周洪谟退休没有回老家长宁，而是来到了家乡所属的叙州府城翠屏书院从教，担任山长。一直到清末，翠屏书院都是四川有名的书院之一。

周洪谟故居附近有碧浪湖景区，景区面积980亩，湖内共有大小7个岛屿和半岛，岛型优美，形状各异，岛上绿树成荫，倒影水中，湖线曲折通幽，港湾密布，有千岛湖之神韵。该景区2013年被评为“国家2A级旅游景区”。

十三、永江村乡村振兴示范村

永江村是由长宁县竹海镇下辖4个村子合并而成的行政村。永江村设有体验中心、竹文化研究中心、展陈中心、视听中心、大师工作站等，展厅内展出了各种精美的竹工艺品。

2019年以来，永江村依托竹生态资源和区位优势，通过“竹海+田园”培育竹产业，深挖竹主题，弘扬竹文化，打造乡村振兴示范区，从而成为市内外闻名的教学培训基地。

十四、竹海酒庄景区

竹海酒庄旅游景区位于长宁县竹海镇，距宜叙高速—蜀南竹海出口5千米，距蜀南竹海核心景区6千米，区位优势明显，是川滇黔渝“大竹海”旅游环线上的重要景区。

景区以竹文化和酒文化体验为核心，集园林工厂休憩、生产过程参观、窖藏白酒品鉴、白酒勾兑体验、白酒展示展销、竹酒文化传承于一体，包括游客中心、竹酒酿造车间、百竹园、藏娇园、包装展示区、农耕文化区、竹酒文化中心、竹酒勾调体验区等。

长宁县·七洞沟崖墓群

·第七章·

高县　高兴之县

高县位于四川盆地南缘，东邻珙县、长宁县，西接叙州区，南邻筠连县，北与翠屏区隔长江相望，西南与云南省盐津县毗连，介于东经104°21′~104°48′、北纬28°11′~28°47′之间。县境南北长61千米，东西宽32千米。全县地形南高北低，地势高度由南向北依次递减，海拔高度275~1252米，相对高差20~600米，县城所在地海拔高度为350米左右。下辖13个镇。全县面积1321平方千米。截至2021年末，高县常住人口38.1万人。除汉族外，少数民族主要是苗族。高县人民政府驻地为庆符镇兴盛路152号。

高县境内山地、丘陵、槽坝地形相间，分别占43.88%、43.72%、12.4%。有大小溪河31条，分属金沙江和长江水系，其中南广河为县内最大河流。属中亚热带湿润季风性气候，年平均气温18.1℃，降水量1021毫米，无霜期360天。森林覆盖率为34.8%。

高县有得天独厚的地理条件，四季分明的气候特征和丰富的水力林茶资源，为高县文化旅游融合发展提供了广阔前景。高县农业以水稻、玉米、小麦、红苕为主，经济作物以茶、桑、花生、水果为主。高县名人辈出，是李硕勋、阳翰笙、邹必城、罗鲜清等的故乡。

2021年，高县实现地区生产总值（GDP）190.11亿元，从三次产业结构来看，第一产业增加值32.14亿元，第二产业增加值74.82亿元，第三产业增加值83.16亿元，三次产业结构为16.9：39.4：43.7。从产业贡献来看，三次产业对经济增长（可比价）的贡献率分别为17.3%、26.6%（其中工业为18.9%）、56.1%，分别拉动GDP增长1.2个百分点、2个百分点（其中工业为1.4个百分点，建筑业为0.6个百分点）、4个百分点。全年，民营经济实现增加值117.72亿元，比上年增长8.3%，占地区生产总值的61.9%。①

① 出自高县《“十四五”文旅发展规划》。

2022年，高县实现地区生产总值190.1亿元。[①]

第一节　发展定位

一、目标定位

1．天府旅游名县。

2．茶桑田园度假休闲旅游目的地。

二、形象定位

“丝路茶乡·红色高县”：这个形象定位突出高县南丝绸之路的历史和盛产茶叶的产业优势，又彰显了高县李硕勋、阳翰笙等红色名人的特色和地位。

三、空间布局

“一轴、两核、四区”。

1．“一轴”：指南广河文旅发展轴，统摄全局，串点成线联动各片，自北向南打通高县三条文旅资源带，形成高县文旅发展的生态轴、文化轴。

2．“两核”：指轴上最关键的两个区域枢纽性节点，践行“文旅+城镇化”战略，以“庆符—文江”城市发展核为主核，以“来复—大窝（已并入来复）”北部新兴小镇核为次核。由宜庆路（S212）相连，实现双核驱动，打造特色文化旅游县城和特色文旅小镇。产业先行，带动两镇的历史文化街区复兴、蓝绿嵌套进行生态城镇规划，做到宜居、宜旅。

3．“四区”：一是涵盖庆符—庆岭—可久三镇的高县中部“红色文化——川南民俗”文化教育休闲旅游区，以庆符镇为区域发展驱动核心，重点发展红色旅游、民俗旅游、农业旅游和生态康养等；二是以来复镇全域为依托的高县北部“山水文化——现代农园”康养农创旅游度假区，以来复镇

① 数据由今日头条号缩缩经略、宜宾头条于2023年2月4日发布。

为区域发展驱动核心，重点发展茶桑果农业旅游、水利旅游、乡村旅游、艺术创意和健康养生、体育运动项目等；三是涵盖胜天—沙河—复兴—月江四镇的高县东部（东北部）“生态文化——美食体验”观光美食康养旅游区，以沙河镇为区域发展驱动核心，重点发展生态博物旅游、美食体验旅游、主题公园、乡村旅游、生态研学和康养乡创等；四是涵盖文江—嘉乐—落润—罗场—蕉村五镇的高县南部“茶桑酒旅——生态涵养”农业生态休闲旅游区，以文江镇和罗场镇为区域发展驱动核心，重点发展茶桑农业旅游、运动健康旅游、文化研学旅游等。

第二节　资源与产业

一、资源概况

高县为盆周山区向云贵高原过渡带，丘陵起伏、溶洞断续，接乌蒙山余脉，自然资源多样。自战国秦开辟以来，高县即控扼中原入滇的国家级通道“五尺道”，因而成为南丝绸之路的重要节点，人文资源丰富。近代高县诞生了南昌起义三杰，素称宜宾南部的红色文化高地。

目前，全县已查明共有文旅资源1114处。其中，文化资源882处，旅游资源232处。

（一）文化资源

文化资源有882处。其中有地文景观类资源139个；水域景观类资源10个；生物景观类资源60个；天象与气候景观类资源9个；建筑与设施类资源580个；历史遗迹类资源148个；旅游购品类资源56个；人文活动类资源15个。

（二）旅游资源

旅游资源有232处。其中，四级旅游资源16个，是高县当前最重要的核心旅游资源。具体包括：胜天红岩山（高县北红岩山）、可久红岩山（高县南红岩山）、南广河流域崖墓群（资源集合概念）、庆岭请春酒系列、大雁岭（资源集合概念）、大雁岭——中国红茶第一庄园、沙河豆腐宴、豆腐美食文化节、七仙湖湿地公园、黄草坪、桫椤海、石门幽兰、果城花乡、高县红色家风建筑群（资源集合概念）、半边寺摩崖造像和红岩山石刻群组。[①]

三级旅游资源366个，是高县文旅发展的主力资源，可略分为三等。三级优等：其中自然属性基础优良者如鸡爪山、柏杨湖、姜家河溶洞群；农林产业格局和自然环境地貌共同奠定优势地位的如蜀山茶海、林湖花海、大雁岭早茶基地、黄草坪七星山茶园、惠泽湖和文武田园等；红色文化代表性资源如李硕勋故居等。三级中等：其中双河温泉、下渡古渡遗址为其中的佼佼者。三级普等：其中多半是综合性资源中的单体，如庆山金鸡、胜天大米等。其余旅游资源为二级、一级“普通级旅游资源”。记录的二级资源610个，一级资源125个。

二、产业发展

高县文旅产业主要打造生态和文化旅游标杆，服务“十四五”撤县设市和高县建设宜宾南部区域中心城市目标，定位高县为“茶桑田园度假休闲旅游目的地”。整合全域旅游资源、产业资源和社会资源，以南丝绸之路五尺道文化、川南田园农耕文化为重点，赋能地方红色遗产，从当地基础雄厚的茶桑产业发力，具有一定国际知名度，国内体验“十强”级别的田园度假休闲旅游目的地和宜宾南部区域文旅新高地。

有国家级A级景区6个（其中4A级景区2个），省级生态旅游示范区1个，省级湿地公园1个，省级森林康养基地3个，省级爱国主义教育基地1个；国家级重点文物保护单位1处，省级文物保护单位6处，省级非物质文化遗产1个；国家森林村2个，省、市旅游扶贫示范村11个，省级文化扶贫示范村10个，省级古村落1个。有星级农家乐47家、民宿31户、旅游厕所48个、接待中心6个。3A的住宿设施为2家，分别是宜宾原山妙境酒店、高县碧海大酒店；2A及以下/经济型酒店为28家。[②]

---

① 出自 2020 年宜宾市文旅资源普查资料。

① 出自高县《“十四五”文旅发展规划》。

目前，高县北部片区的胜天、月江、来复、沙河诸镇坐拥交通区位、二产融合等优势条件，中部以庆符、文江双子中心城区为集聚核，交通和产业优势亦明显，但南部旅游交通便利性尚较差。高县6个A级景区，受交通区位影响，分布明显倾斜：其中4景区在县城以北，包括4A级景区胜天红岩山和大雁岭，3A级景区文武荷田和2A级景区果城花乡；县域南部集中了大面积优良自然风光资源，但当前仅有蜀山茶海1个3A级景区和可久红岩山1个2A级景区，其知名度和游客服务端分布明显少于北部片区。

已发展家庭农场1641个，其中，省级家庭农场15个、市级家庭农场47个。以发展壮大专业合作社为抓手，培育新型经营主体534家，其中：国家级示范社1家、省级示范社17家、市级示范社8家。以壮大龙头企业强带动，培育农业产业化重点龙头企业53家，其中，国家级1家、省级6家、市级21家；新申报农业产业化省级重点龙头企业2家（云州茶业、顶古山薯业）。实施培育壮大新型经营主体项目9个，总投资2403万元。

2021年全县共接待游客552万人次。其中乡村旅游共接待游客401.8万人次，占比73.8%；旅游综合收入49.29亿元，其中乡村旅游收入38.75亿元，占比78.6%。①

第三节　文旅特色

一、特色文旅

有高县打造以山水生态、文化体验、乡村休闲、民宿旅居等为主要特色，包括传统民俗、历史遗迹、红色文化、农业观光体验、自然生态、茶园茶海、蚕桑基地、特色小吃等功能，以此塑造高县文旅资源的鲜明特色。

---

①出自高县《“十四五”文旅发展规划》。

二、地方特产

有羊田粉条、高县春酒、沙河花生、早白尖绿茶、桑叶茶、林湖茶叶、生鲜柠檬、高县红茶、胜天大米、流米李子、大窝柚子等。

三、美食美味

有庆符片糖、张记麻婆豆腐、粉蒸肉、全豆腐宴、手工糍粑冰粉、何氏鸭儿粑、班花麻辣烫、沙河板鸭、沙河豆腐、高县鸭儿粑、高县土火锅、香辣蟹、午时粑等。

四、非物质文化遗产

高县非物质文化遗产共计26项，省级1项、市级8项、县级17项。其中，省市级主要有川南请春酒、山歌《落魂腔》、金潭玉液酿酒技艺、高县土火锅制作技艺、高县何氏鸭儿粑制作工艺、高县沙河镇钟氏豆腐制作工艺、五黑液酿酒技艺、高县土火锅烹饪制作技艺、苗族芦笙制作技艺（黄氏芦笙制作工艺）等。[①]

第四节 景区景点

景区景点：李硕勋故居、阳翰笙故居、早白尖茶基地、沙河特色小镇、林湖景区、大雁岭景区、胜天红岩山景区、文武荷田、大窝文昌宫、猫儿凼石板路遗址、高县石门石刻、红岩古寨、荔枝湖风景区、流米寺、高县回龙寺、南广河流域崖墓群及石刻、宜宾芙蓉山、七仙湖、可久半边寺摩崖造像、仁爱乡老王场、嘉乐万年台、土主庙、汉王山根据地等。

---

① 出自2020年宜宾市文物普查资料。

一、早白尖茶文化生活体验区

早白尖茶文化生活体验区位于高县来复镇大屋村，它是早白尖茶业公司的基地。该公司是四川早白尖集团旗下全资子公司，是主要从事茶叶种植、加工、营销、茶旅融合的农业产业化国家重点龙头企业，拥有大雁岭、乌蒙山、七仙湖三大茶园基地，自营和联建5万亩，辐射带动10万亩，带动农户2.32万户，建有2个茶叶加工厂，年加工能力达3500吨。

早白尖茶文化生活体验区内自主选育的早茶品种“乌蒙早”，其以高县罗场镇金塘村千年古茶树为母本，生物形状和经济性状均非常优秀，具有发芽早、产量高、抗逆性强、持嫩性优、内质含量丰富等特点。特别是具有极高的氨基酸和果胶含量，保证了它与众不同的品质，赋予了大树茶产品特殊的营养保健价值，是不可多得的高山特色茶叶品种，并且于2012年获得四川省农作物新品种认定。“乌蒙早”的认定，填补了“宜宾早茶”本地品种资源空白，经过多年的发展，现已推广种植“乌蒙早”1.8万亩。

二、荔枝湖景区

荔枝湖景区位于高县南广河庆符镇至来复镇段，全长22千米。湖面蜿蜒、峡谷幽深、青山掩映，翠竹婆娑。

荔枝湖景区因来复电站截流而成。在境内有杨梅村4组，运动村6、7组，明朗村1、2组，天凤村1组、小河村6、7组，九缸村1组共8个村民小组1081人，耕地面积1167亩，林地500亩。

荔枝湖上游至庆符镇李硕勋纪念馆25千米的南广河水域，水质优秀，湖面开阔，奇峰屹立、流泉飞瀑、景象万千，是开展水上体育和娱乐休闲的理想场所。荔枝湖地处丘陵地带，有五片主要的梯田，沿着这片梯田往上游新滩方向走，四周山高林密，沟深谷幽，怪石峥嵘，有小山峡的几分秀美，生态良好，白鹤成群。这里有政府的大力支持，沿河待建一条旅游公路。在人们身心疲惫之余，可以到处走走看看，荔枝湖就提供了这样一个场所。

目前，荔枝湖景区已经配套建设起民宿和农家美食，利用荔枝湖五片主要梯田，组建成典型的旅游公园，再利用湖水优势开发打造出湖面泛舟游览观光项目。

三、南广河流域崖墓群及石刻

南广河流域崖墓群及石刻位于高县南广河一带，墓群地处野外，现为国家级文物保护单位。据文物部门统计，整个南广河一片，共分布有40多个墓穴。

据有关资料介绍，崖墓又称岩墓、回族洞、仙人洞，是古代墓葬的一种构造形式，在悬崖上穿凿洞穴作为墓室。西汉后期在四川开始出现，后迅速发展，到东汉风行一时，经过蜀汉两晋南北朝，在很多地方一直延续到明清，成为近2000年来四川地区一种独特盛行的墓葬形式。岩葬是古代僰族的一种葬俗，即凿石成穴，置棺于内。地处川南的南广河流域崖墓群，据称也是一种独特的墓葬形式。

崖墓石刻分布较广，分别在高县罗场镇、可久镇、嘉乐镇等地，由120余座崖墓组成，很多崖墓上都刻有反映当时人们生产生活的图案的石刻，工艺精良，极具地域特色。

四、五尺道

五尺道是中国战国时期修建的一条连接中原、四川与云贵的通道。秦国蜀郡太守李冰采用积薪烧岩的原始办法，开山凿岩，开通了此条道路。因道宽5尺，每级尺阶宽窄高矮不等，所以称为“五尺道”。

五尺道是滇川的必经要冲。北起宜宾，南至曲靖，途经盐津、大关、昭通、威宁、鲁甸、宣威等县到滇池。这条道路尽管狭窄，却和秦始皇在全国其他地区兴修的宽达五十步的“驰道”具有同等重要的意义。唐樊绰《蛮书》称之为“石门道”。

现宜宾境内五尺道保存较为完整的在高县胜天红岩山旅游景区。虽然胜天红岩山旅游景区的五尺道现在已经荒芜，而且人迹罕至，但它却见证了川滇交界处过去繁华的边贸与文化往来。

五、胜天红岩山旅游景区

胜天红岩山旅游景区坐落于高县胜天镇境内，距宜宾市32千米，与蜀南竹海、兴文石海、珙县僰人悬棺等多个著名的旅游区毗邻。景区总面积40多平方千米，以红岩山脉为主体，属丹霞地貌，红岩山也因此而得名。景区森林覆盖率达80%以上。景区自然人文旅游资源丰富，景观独具特色，以奇山林海、丹霞地貌、桫椤海景、千年古寺、春花秋果、乡土民情等形成有机组合，成为集佛教朝圣、休闲养生、生态观光、科考健身于一体的川南旅游热土。

红岩山佛教文化氛围浓厚，有一山一寺之说，现存三大寺庙：流米寺、大宝寺、水口庙，尤其以流米寺最为著名。流米寺、大宝寺是明清时代寺庙，20世纪90年代被批准为开放性寺庙。历史悠久，香火旺盛的流米寺清乾隆三十三年（1768年）建成规范的佛教寺院，堪称川南第一寺。流米洞流传着传奇的寓言传说，其洞内摩崖石刻集儒、释、道之大成，特别是流米寺流米洞内的36尊摩崖石刻距今已有250余年历史，具有很高历史和文化价值。水口庙相传建于乾隆五十三年（1788年），距今约230年历史。历史上曾三毁三建。该庙形如一只燕子头顶，两侧梯田如燕翅，远望像一只春燕展翅冲向对面的高滩瀑布，形成燕子飚滩景观。佛地讲究缘分，水口庙与红岩山顶流米寺遥遥相望，佛缘相连，甚为殊胜。

桫椤树是孑遗植物的代表，出现距今三亿多年前，为白垩纪时期遗留下来的珍稀物种，是现今仅存的木本蕨类植物。桫椤比恐龙出现还早一亿五千万年，有植物活化石之称，是国家一类保护植物。胜天红岩山的桫椤树树龄达数百年，高的有七八米，直径达二十多厘米。马兰沟一带生长最多，数以千计，具有极佳的观赏和研究价值。

红岩山李花园共有1000余亩，主要品种为地方原产的品种“流米李”。这个品种的特点是色泽青黄、饱满圆润、口感甜脆、玲珑剔透、形态美艳、口味甘甜、品质上等，耐贮运，常温放20天，冷存可保鲜3个月以上。李花园最美的季节有两个，春天观花，夏季品果。春天观花：每年3月上中旬，漫山遍野的李花竞相开放，其间又夹杂着金黄的油菜花，各种野花争奇斗艳，美得惊人，美得勾魂。夏季品果：每年6月，自山下到山上李子相继成熟，累累果实挂满枝头，压得李树弯腰。站在树下，不需伸手，张嘴即食。

胜天红岩山丹霞地貌十分壮美，位于流米寺后山，有一道形如骏马嘶鸣的山梁，名为“天马长鸣”，当地人称此处为“马颈子”。该景点马头、马鬃、马颈形象逼真。此外，在胜天红岩山，因丹霞地貌特点而形成的奇峰美洞数不胜数，极具观赏价值。

六、可久红岩山旅游景区

可久红岩山旅游景区位于可久镇东侧，距高县县城12千米，有省一级文物保护单位半边寺，该山乃佛家圣地。地理位置优越，交通条件便捷，位于宜宾市半小时经济圈内，旅游开发潜力不断增强。

红岩山为高县第一高峰，区内海拔800米的山段主要生长针叶林和阔叶林植物。本区属典型的中亚热带湿润地区气候，冬无严寒，夏无酷暑，区内年平均气温15.8℃，无霜期240~280天，光照充足，空气流通性好，素有“天然空调”之美称，是理想的休闲避暑之地。

七、半边寺

半边寺始建于明朝末年，该寺面临悬崖，背靠峭壁，坐落在距高县城西19千米的可久镇红岩山顶，原名云峰寺。今庙廊仅存遗址，12尊摩崖造像却完好无损。石窟高3米、进深2米，诸佛均端坐莲台，每佛高1.42米，雕刻精细，仪态庄肃，衣带飘然。

另外，半边寺还有很多立屏式浮雕、南广河域崖墓群等，拥有深厚的历史和佛家文化，为高县境内保存最完整的典型清代石雕艺术。

八、双鱼衔珠墓

双鱼衔珠墓为南广河流域崖墓群典型石刻，也是这个景区地理位置最低的一个崖墓群。“双鱼衔珠墓”墓门宽0.8米，高0.88米；墓室长2.4米，宽1.6米，高1.15米至1.3米；正壁刻有六角形方龛2个，龛内阴刻有并列的两幅

“交椅”图案，左壁有阴刻“双鱼衔珠图”，右侧阴刻一长颈花瓶。窖顶部呈梯形，刻有梁、椽图案，两侧壁上部各浮雕有一排栌斗。

九、大窝大雁岭旅游景区

大雁岭景区位于高县大窝镇大屋村，距县城38千米，宜宾主城区10千米。

景区面积22平方千米，森林覆盖率80%，最高海拔701米，境内南广河长20千米。主要景点：中国红茶第一庄园（涪翁古井、大雁岭古城墙、千年古茶树、大雁湖）、长江国际生态园、云锋湖、野生葡桃沟（园）黄金湾、新龙嘴古民居、王家岭古墓群等。

十、七仙湖景区

七仙湖湿地公园位于高县复兴镇境内，旅游区面积60平方千米，属浅丘山区。属亚热带季风性湿润气候，常年平均气温18.5℃，平均降雨量2300毫米。林业用地面积2730公顷，森林面积2613公顷，森林资源丰富，森林覆盖率50%；七仙湖，属市级风景名胜区，风景秀丽，绿树成荫，是度假、休闲、娱乐胜地，旅游资源极其丰富，建有华宇山庄、七仙湖宾馆，文化娱乐实施齐备。

七仙湖已被四川省列为首批湿地公园建设并实施，总投资1.04亿元。景区连接宜珙、宜高、巡高路主干线，乡村公路基本形成网络并已硬化，交通便利。优质茶园1000亩，现已初建成川南茶花“博览园”，品种达378个。游仙湖胜景，赏千亩茶花，品峰顶名芽。

十一、罗场林湖茶花基地

四川茶花第一村林湖村，位于罗场镇西部14千米，罗场至盐津公路纵贯全村。平均海拔高度800~1000米，终年云雾缭绕，雨量充沛，土壤结构呈微酸性，适宜茶花生长，现种植有茶花10 000亩。森林覆盖面积达70%，是得天独厚的纯天然氧吧。

林湖茶花基地以太阳峰、望山田、马道子为核心，形成了一道天然的茶花景区。茶花主要品种有七星牡丹、十八学士、童子面、白玉片、紫袍、朱砂袍、飞爪芙蓉、恨天高、赛牡丹、大海伦，还有大南大理，美国引进的松子林等，数不胜数。每当茶花开放之时，漫山遍野，花似海洋，令人神往。

十二、庆岭文武田园

文武村位于庆岭乡西北部，背靠七仙湖，距庆岭场镇5千米，来复沙河公路穿境而过，区位优势和交通优势十分显著。

文武村四面环山，封闭的自然环境造就了这里特有的自然风貌，小梯田分布广泛，自然风光优美独特，为开展田园观光、体验民族风情、娱乐休闲等乡村旅游奠定了基础；同时，文武村有着悠久的历史背景和深厚的文化底蕴，每年春节和元宵佳节村民都要自发地举办联欢晚会，极大地丰富了旅游的文化内涵，增强了文武村乡村休闲旅游的魅力。

文武村属于喀斯特地貌，地下溶洞众多，形成天然的“漩孔”。村民为了种田驻水的需要，筑起田坎围起“漩孔”，呈七个大小不一的圆形。远处望去，七个圆形围绕着文武小岛，形成了特有的“七星拱月”自然景观。从观景台远眺，“七星拱月”与错落有致的梯田浑然天成，一派“世外桃源”风光。

十三、凤凰山文峰塔

凤凰山文峰塔位于高县县城东门符黑水对面的凤凰山，始建于清道光元年（1821年）。塔高32米，六角七层，实心砖石结构。内有巷道盘旋可达第五层，塔门西向。以其复振文风而闻名。

十四、古刹流米寺

流米寺原名牛鼻寺，以其石山形如牛鼻得名。流米寺位于高县胜天镇与宜宾市交界之宝鼎山上。相传佛座座下有一石穴，每日流出白米，仅供寺内僧众口粮，僧多米多，僧少米少，因而又名“流米寺”。后因一和尚贪心，凿大石孔，犯了贪戒，此孔遂不流米。

流米寺左侧设前殿、大雄宝殿、三仙殿，大雄宝殿左侧是1995年新建砖混结构，面积600余平方米的斋饭堂。流米寺系全县批准开放的两所寺院之一。

十五、李硕勋烈士纪念馆

李硕勋烈士纪念馆位于高县庆符镇柳湖公园内，而李硕勋故居则位于庆符镇商业街，李硕勋塑像位于符江中学校园内。这三处红色文化载体经当地政府修缮，成为宜宾市红色文化教育的重要基地。

高县·林湖涟漪

·第八章·

钩连　川滇门户

筠连县位于四川盆地南缘，云贵高原北麓川滇结合部，古代为南丝绸之路重要驿站，今为出川入滇的重要门户。筠连县南与云南盐津、彝良、威信接壤，东北与高县、珙县相邻，地处北纬27°50′37″~28°14′28″，东经104°17′45″~104°47′20″之间。东西长47.3千米，南北宽41.2千米。全县总面积1256.35平方千米。截至2019年8月，筠连县下辖7个镇、5个乡。根据第七次人口普查数据，截至2020年11月1日零时，筠连县常住人口为332 805人。除汉族外，有苗、彝、回、藏、壮、满、白等10余个少数民族。筠连县人民政府驻地为筠连镇公园路98号。

筠连县经济以农业、林业为主，主要粮食作物有水稻、玉米、小麦、黄豆、红苕、洋芋等，另有大麦、高粱、荞麦、旱稻、豌豆、胡豆、绿豆和其他杂粮；经济作物以烤烟、油菜、花生为主，另有芝麻、苏麻、青麻、土烟等。栽培经济林木主要有茶、桑、果。茶树多为成片新式茶园，以早白尖和川种小山茶为主，近年来还引进优良品种。柑桔是筠连县主要大宗水果，次为梨、柿，其他水果还有桃、李、杏、樱桃、枇杷、龙眼、猕猴桃等。桑树以油桑、实生桑为主。

2021年，筠连县实现地区生产总值（GDP）158.35亿元，同比增长7.3%。其中：第一产业增加值31.67亿元，增长6.9%；第二产业增加值52.96亿元，增长4.3%；第三产业增加值73.71亿元，增长9.7%；三次产业占GDP的比重为20.0：33.4：46.6。全年人均地区生产总值（人均GDP）47 695元，同比增长7.3%。

2022年，筠连县实现地区生产总值161.2亿元。①

① 数据由今日头条号绾绾经略、宜宾头条于2023年2月4日发布。

筠连县历史悠久，文化积淀丰厚，人杰地灵。据1980年在今镇舟镇“拱猪洞”发掘出土的旧石器时代“智人臼齿化石”测定，远在四万年前，这里即有人类栖息。先秦及秦时期，土著居民是僰人；东晋穆帝后，有僚人迁入；梁武帝后，又有乌蛮人（彝族）迁入县境。明代万历年间，封建统治者强制推行民族融合政策，彝、僚一部分迁徙，一部分与其他民族融合。而汉族、苗族大批迁入，最后形成以汉苗为主的多民族杂居之地。除汉族外，还有苗、彝、回、藏、壮、满、白、土家、纳西、仡佬10个少数民族。在今镇舟河、巡司河沿岸残存的数具悬棺，一直被认为是僰人杰作，但经国内外文博专家70年代至今的考证，已确定为僚人悬棺。筠连悬棺与珙县“僰人悬棺”属同一类型，是研究明代僚人社会生活的最好素材。

筠连人民有着光荣的革命传统。辛亥革命前后，同盟会员筠连县人曾省斋与井研县熊光武等，于泸、叙、隆多次合谋起义。1913年，筠连县人陈先源（时署昭通知府）率军讨袁。其子陈宪民，北京大学毕业后参加同盟会，与金堂县彭家珍等也在京津等地发动推翻帝制、护国讨袁。

2020年6月30日，筠连县入选“第二批革命文物保护利用片区分县名单”；7月29日，入选2019年重新确认国家卫生乡镇（县城）名单。

第一节　发展定位

一、目标定位

1. 四川天府旅游名县。
2. 国家全域旅游示范区。
3. 全国知名的富硒康养旅游度假目的地。

二、形象定位

“川滇门户・丝绸古驿”：这个形象定位较好地突显了筠连县的区位特点，体现了其历史上的地位作用，揭示了“筠商”产生的历史渊源。

三、空间布局

构建“一环、两核、四组团”的城乡空间结构。

1. “一环”：“春风百里”旅游环。

建设筠连全域旅游的骨架性交通、筠连旅游及产业发展的活力轴线和体验“春风精神”的自驾旅游环线。通过绿道建设展现“春风精神”、定格绿道品性，带动沿线美丽乡村建设、村民致富，实现全县产业升级和产业转型，串联筠连核心旅游景区。同时，通过旅游公路建设与旅游驿站建设，实现全县旅游“1小时抵达”的快速交通工程，并构建“1+8”旅游驿站体系，即一个一级驿站、八个二级驿站。

2. “两核”：北极核和南极核。

（1）北极核：山水文旅城建设，筠连全域旅游服务和枢纽中心、景城融合的山水旅游城区。整合县城、巡司镇、古楼峰丛等片区，构建“一心两轴三组团”的城市发展格局，完善交通和旅游服务配套。一心为筠连县城旅游中心，以筠连及筠连人的生活为重点，城旅一体，构建筠连生活和旅游以古楼山水新城为核心，围绕环定水河旅游、夜游筠连、接力高铁等工程，完善旅游休闲、消费沉淀和旅游服务等功能，重点规划建设高铁文旅小镇、定水河旅游休闲带等项目；两轴分别为以定水河为中心构建的城市文化旅游轴和以筠连—巡司快速通道为基础构建的筠连岩溶风景旅游轴。三组团包括：①古楼山水生活组团，以古楼峰丛为中心，打造筠连未来城生活空间和山水田园城市度假示范空间，主要项目包括古楼山水新城、古楼峰丛公园、沙坝缤纷水岸；②巡司茶旅养生组团，依托茶海、温泉等资源，构建筠连川红品牌的核心体验区和以“温泉+茶”为核心的养生度假天堂，主要项目包括巡司温泉小镇、川红茶海景区；③海瀛工业旅游组团，依托现有的工业园，打造筠连现代化产业的形象展示空间和筠连富硒产品的加工和物流中心，主要项目包括国漆公园、海瀛工业园、海瀛度假村等。

（2）南极核：雪山生态旅游区，确立为筠连旅游品牌的核心旅游区，是筠连在西南地区乃至全国范围内确立领先地位的龙头旅游产品。依托大雪山良好的生态环境和农业产业基础，打造以极致山水景观和富硒避暑康养品牌为引领的旅游核心景区，完善运动、旅游产业配套服务，以旅游带动大雪山竹产业、富硒农业的发展，实现城乡产业联动发展。

3．“四组团”：北部组团、西部组团、南部组团和东部组团。

（1）北部：“春风传世”精神研学组团。“春风精神”传承和研学空间。通过将春风村塑造成“春风精神”的精神和文化圣地，成为区域龙头，带动区域乡村产业升级，成为乡村振兴示范区域。以“春风精神”传承为核心，构建一条生态旅游和精神研学的特色产业带。

（2）西部：“富硒时光”康养度假组团。筠连富硒避暑度假品牌的核心支撑。依托1000米高海拔区域、富硒农产品和奇特山水资源等优势，从“硒文化”科普、“硒产品”体验、“硒生活”度假、“硒山水”观光、“硒农产”购物等多个维度深入挖掘“硒资源”，打造富硒生活旅游度假聚集区。形成以硒山湖为核心，西部洞群、老君山、清溪沟等产品为支撑的避暑、康养旅游度假集群。

（3）南部：“苗乡乐土”人文旅游组团。筠连苗乡民俗文化体验集聚地。依托良好的生态环境和海拔900米以上的高山气候，以苗族花山节活动为核心吸引，打造一个以苗乡文化体验、苗医养生度假为特色的养生度假区。以五四山苗家花山旅游康养示范区为重点，带动周边苗乡旅游项目发展。

（4）东部：“僰人田园”休闲旅游组团。筠连乡村田园旅游的核心空间，也是筠连农耕文化的特色体验和展示空间。以僰人梯田为核心，整合乡村特色产业，打造集乡村休闲、田园观光、文化探秘、地质探险于一体的田园文化体验区，带动周边景区景点发展。重点规划建设僰人梯田、马家石林两大项目。

第二节　资源和产业

一、资源概况

筠连属四川盆地向云贵高原的过渡地带，地势南高北低。地貌奇异多姿，山峦层叠，槽坝平坦，田园锦绣，青山滴翠，奇峰异洞比比皆是，岩溶地貌发育奇特，人杰地灵，闻名遐迩；群山中泉流飞瀑众多，地下大小溶洞数百个，属省级岩溶风景名胜区。

目前，全县已查明有文旅资源7533处。其中，文化资源6503处，旅游资源1030处。

（一）文化资源

文化资源有6503处。其中，有古籍、非物质文化遗产、文物3大类文化资源；可移动文物4107件、不可移动文物457件（其中：文保单位17处，省级4处、市级8处、县级5处）。有生物景观、地学景观、水体景观、温泉景观等自然景观资源，有古建筑、古遗址、史前文化、龙碗大堰等人文景观资源，有苗族花山节、民族服饰、大唢呐芦笙等能体现苗族文化风情的活动、特色。

并且通过建设数字化监控机房、野外实时监控系统，对文物和文保单位全方位、立体化监管，文物安全得到切实加强。现有非遗传承项目27个（省级3个、市级6个、县级18个）。积极推动非遗活态传承，鼓励苗族刺绣传承人通过网络渠道销售刺绣文创产品，支持筠连椒麻鸡、桐子叶粑粑、筠连糟黄瓜等美食类非遗产品开设线下体验店，筠连椒麻鸡入选为天府旅游名菜100道入选菜名录。

（二）旅游资源

旅游资源有1030处。其中，自然资源520个，占50.7%，人文资源510个，占49.3%。两者相互交融并渗透于整个筠连县，人文资源相对集中，分布于北部筠连镇、巡司镇区域，自然资源分布相对均衡，以休闲农业、名优特产品、手工艺品等产业景观为主。初步形成玉壶休闲观光区、温泉岩溶度假区、大雪山生态旅游区三大景区；正在打造腾达镇春风村中国云上石漠·春风花海旅游度假区、塘坝乡清溪沟茶文化主题公园、双腾镇中国西部洞群风景旅游区、古楼风景旅游区、川滇黔红色旅游筠连爱国教育基地等人文和自然景区。[①]

---

① 出自2020年宜宾市文旅资源普查资料。

二、产业发展

目前，全县有3A景区1个，天府旅游名镇1个，省级新业态品牌2个，全国乡村旅游重点村1个、市级乡村旅游重点村4个、重点村15个，农家乐102家（星级农家乐27家），旅行社5家。

近年来，成功创建3A级景区1个，全国乡村旅游重点村1个（全市唯二）、四川省级生态旅游示范区1个，特色小镇（川红小镇）1个（川南唯二）；创评星级农家乐27家，其中五星级农家乐1家；成功创建竹生态特色镇1个、竹生态特色村4个。

2022年纳入县重点的文旅项目共有19个，总投资47.47亿元，年度投资13.43亿元。其中：南丝绸之路文化公园投入运营，春风村提档升级项目、文体实训基地项目、硒山湖旅游开发项目、温泉小镇项目已确认三季度开工建设，天来五星级酒店启动内部装修。此外，近期还与国艺中联集团合作落地了"南丝绸之路不夜城"项目，与湖北先秾坛集团达成了春风山庄合作项目。伴随着这些项目的遍地开花，筠连旅游发展的四梁八柱正在加速构建。

同时，县内常年开展送文化下乡活动，每年不低于160场，举办大型公益群众文化活动10余场，支持鼓励民间文化艺术并创作出1000余件作品。文化馆建成国家一级馆、图书馆建成国家三级馆，建成四川省首个县级少儿图书馆，为广大群众构建了良好的文化生活硬件环境。倡导"阅读从娃娃开始"，绘本阅读得到省市高度认可，2020年12月全省青少年阅读经验交流现场会在我县成功举办。2021年入选四川省文旅公共服务高质量发展"四个一批"优秀案例，还在2022年举办的全国现场会上交流分享了实例经验。

2019年，筠连县旅游接待人次318.4万人次，同比增长6.72%，增长较缓慢；旅游收入呈增长趋势，2019年旅游收入27.2亿元，增长率高达20.2%，旅游收入增幅高于游客接待量增幅；旅游收入占全区GDP的比重越来越大，旅游产业地位不断突出，但旅游收入总量小，发展潜力大；随着筠连人均GDP

的不断增长，旅游消费需求不断增加。2020年，因受新冠疫情影响，旅游收入出现下滑。①

第三节 文旅特色

一、特色文旅

主要有山区景观、喀斯特地貌景观、温泉洗浴、中药康养、筠连粉条、春风精神、筠连猿人、四川红茶发源地、苗彝民族风情、川南美食文化体验等鲜明山区特色。

二、地方特产

有春风李子、筠连苦丁茶、筠连土漆、筠连中药材、黄金白露、筠连绿茶、筠连红茶、筠连黄牛、筠连老腊肉等。

三、美食美味

有筠连水粉、四季豆焖鸡、桐叶泡粑、糟黄瓜、筠连椒麻鸡、筠连黑凉粉、金丝牛肉、炖鸡面、乳鸽砂锅、筠连泡菜、海参酥等。

四、非物质文化遗产

筠连县非物质文化遗产共计27项，省级3项、市级6项、县级18项。其中，省市级主要有唢呐艺术（苗族大唢呐）、川南山歌（筠连山歌）、苗族刺绣、宜宾民歌《槐花几时开》、南广河船工号子、高台杆杆狮子、川红工夫红茶制作技艺（筠连红茶制作技艺）、筠连水粉制作技艺、筠连苗族花山节（苗族花山节的扩展名录）等。②

---

① 出自筠连县《“十四五”文旅发展规则》

① 出自2020年宜宾市文旅资源普查资料。

第四节 景区景点

景区景点：大雪山景区、蒿坝寺庙群、塘坝清溪沟康养景区、腾达镇春风村景区、高坎梯田、古楼峰丛、佛来寺、筠连仙人洞、筠连岩溶风景名胜区、秘境大雪山、巡司温泉、仙雾山国家森林公园、光明寺、石佛岩、筠连古楼山、春风花海、芭茅坡森林公园、海瀛间歇潮涌泉、筠连万寿桥、金钟村寨子遗址、玉壶井等。

一、全国乡村振兴示范春风村

春风村位于筠连县城东北，距县城6千米，由原春风、向阳、水茨、千秋、冒水村合并而成，面积27.86平方千米，人口9363人，党委下设支部3个，党员120名。

近年来，春风村以深化拓展“新时代春风经验”为主线、探索中心村片区综合党委为统领，推进村企联合、产业提能、人才兴智、服务增效“1+N”党建模式，连片发展2000头肉牛养殖、12 000亩水果种植、17 000亩茶叶种植、3000亩花卉种植、2000亩林下中药材种植、2000亩竹产业种植，年产值达1.7亿元。

春风村已组建云上石漠现代农业综合开发有限责任公司，引进泓硒泉等企业，初步建成集现代农业种植、农副产品加工、乡村休闲度假为一体的“康养旅游主导型”乡村振兴示范村。2021年，农民人均收入23 500元，村集体收入580万元。

春风村先后被评为全国文明村、生态文化村、创先争优先进基层党组织、民主法治示范村、妇女基层组织建设示范村、乡村旅游模范村、生态示范村、乡村治理示范村，省级最美乡村、乡村旅游示范村、四好村、十大美丽乡村。

二、清溪沟景区

清溪沟茶文化主题公园位于川红故里——筠连县塘坝乡茶文化旅游区的北部，是一个集旅游、农业、文化一体的生态园。主要由茶文化会所、茶博园、茶风情别墅、空中宾馆及茶文化酒店构成，是集茶园观光，茶叶加工、茶技培训、茶叶表演、养生泳池及叠水景观为一体的主题公园。

目前，市外主要为陕西西安方向游客组团来此度假，景区“情侣爱屋”时常供不应求。

三、高坎梯田

筠连县和珙县交界地有面积近十万亩的梯田。由于此地位于两县之间，地处偏僻，因此这片大规模的梯田鲜为人知。从洛表镇到高坎乡，路程约10千米，但是开车出发不久，便能看到满山的梯田。这一路均是上行的缓坡，梯田处于路的东面，从拍摄时间上，以早上逆光效果为最佳。

四、古楼峰丛

古楼峰丛位于筠连县筠连镇，距离县城约5千米，分布40余平方千米，有圆锥形山峰671余个，是典型的“喀斯特地貌”。赏古楼峰丛，最好去黄牛岩。黄牛岩因貌似黄牛而得名，有一山间公路可达。站在黄牛岩上，颇有“一览众山小”的味道，看那些拔地而起的山峰，像巨大的蘑菇。

五、大雪山 · 红军根据地

大雪山位于筠连县大雪山镇、珙县和云南省盐津县交界处，海拔1777.2米的主峰活动着许多野生动物。野兽的出没，加上各种传说，给大雪山披上了一层神秘的面纱。

大雪山45 000多亩的原始森林和湿地，使其的原始生态得到了很好的保存，具有较高的生态保护和旅游观赏价值。

大雪山中国工农红军川滇黔边区游击纵队根据地，位于筠连县大雪山镇，距筠连县城60千米，位居川滇两省四县（筠连县、珙县、云南威信县、彝良县）交汇处。1935年2月，中央红军西聚威信县扎西镇时，决定组建中国工农红军川南游击纵队，后改称中国工农红军川滇黔边区游击纵队。这就是党史上著名的“扎西会议”。

六、佛来寺

佛来寺位于县城东筠（连）腾（达）公路约8千米的陶家湾。湾内有山玛瑙岩，岩上有一天然石窟，深宽各约十米。窟顶岩石极为平整，窟内形成一极为宽敞的大殿。洞内有甘泉涌出，四时不竭。窟外侧有巨型石钟乳撑岩柱地，洞外岩顶绿树浓荫，芳草萋萋，山下有巨型溶洞和间歇潮涌泉。

七、筠连仙人洞

仙人洞位于腾达镇建设村朱家沟，距县城21千米，坐北朝南，往南延伸，洞深5.5千米，洞口宽50至60米。地下有暗河潭，水尤清澈。洞内阴河通向远处，可荡舟，水声潺潺。入洞80米，可见阡陌纵横、高低不一的田垄组成了大小各异的梯田——钙化沉积的边石坝，俗称“洞内梯田”。

八、筠连岩溶风景区

筠连岩溶风景名胜区，属于省级风景名胜区。筠连岩溶地处四川盆地南缘，紧邻云南。自然景观中的黄金坝巡司温泉、海瀛间歇潮涌泉和仙人洞地下梯田被称为“筠连三绝”。筠连城以东20千米处的仙人洞内，1680余米的层层钙化梯田流水清澈，水中玻璃鱼通体透明，景观甚为奇异。洞内冬暖夏凉，令人流连忘返。

九、巡司温泉

巡司温泉是筠连有史以来八大名胜之一。它位于巡司镇，泉水喷涌溢出，主泉口热水露头5平方米，覆盖的热水宽度有30多平方米，出露标高427.7米，为地下水天然露头。与温泉隔河相对的黄牛岩巍峨如屏障，配以黄金小石林，其中农舍古朴，修竹茂林，完全显现出一派天然的园林景色。

巡司天河温泉坐落在“中国奇泉之乡”的筠连县巡司镇巡司河畔，是由筠连县天河旅游发展有限公司投资兴建，以温泉养生为核心，集餐饮住宿、商务会议、康体保健、休闲娱乐于一体的温泉旅游胜地。巡司天河温泉又名犀牛温泉，传说鲁班造天梯时，骑犀牛至此，犀牛脚踏地而泉水涌出。

十、仙雾山国家森林公园

仙雾山国家森林公园坐落于塘坝乡双田村的仙雾山国家森林公园，因其山顶终年缭绕不散的云雾而得名。这里保留了原生态森林和峡谷风光，还曾经创造过数千年辉煌的茶马文化。目前，峡谷间还保留有数百年前的马帮痕迹，有着丰厚的历史遗存。在这个与云南隔河相望的地方，游客可以在仙雾山观赏到其他地方体味不到的迷人景色。

十一、海艮间歇泉

海艮间歇泉之奇特雄壮，是国内间歇泉中独具特色的岩溶景观。间歇泉离筠连县城8千米，洞高20米，宽10米，洞口入深段50多米。泉涌潮时，声响如鼓，水流洪急，持续时长，涌潮每天二至四次，波动幅度高达80厘米。更显奇妙的是海艮间歇泉不是一个孤立的潮涌泉，在它四周分布着龙眼泉、天飞堰泉等十多个岩溶排泄露头，及武陵桥、溶蚀洼地、青龙山森林、艮江晚照诸多景点。

十二、仙人洞内边石坝

筠连腾达镇仙人洞深5.5千米，洞口宽50多米，高6.3米，洞中有岩柱直撑洞顶，地下河流在洞中时隐时现，时窄时宽，曲曲弯弯。入洞80多米起，洞内梯田（边石坝）层层叠叠。

洞内梯田沿洞分布，面积1680平方米，由四十多块浪形钙华坝组成陡坝，坝内水深七十厘米到一米，坝形如荷叶，一级一级往洞内铺展。在梯田之旁发育成一组巨型的从底至顶的钟乳，成千上万地展开，犹如飞瀑。仙人洞内并非死水，水中有苔类植物和蝌蚪玻璃水晶鱼游动。

十三、芭茅坡森林公园

芭茅坡森林公园位于筠连镇、腾达镇与高县焦村镇的交界处，距县城18千米，系县国有林场所有。

森林公园始建于1958年，由四川省林业勘察设计院规划设计，初设计面积为31 995亩。经1986年“森林资源二类调查”，经营面积下降为14 407.5亩。自然环境优美，桢楠众多，已成为市级保护区。旅游开发一期工程已开工建设，景点以“阳光、空气、森林”为主题初具规模。

筠连县·春风拂面

·第九章·

珙县　千年僰都

珙县位于宜宾市境南部川滇二省交界处，县城距市政府驻地56千米，地跨东经104°38′~105°02′、北纬27°53′~28°31′之间。北与高县连接，距翠屏区46千米；南与筠连县大雪山相连，距云南省威信县县城69千米，是古“南夷道”的要冲；西靠筠连县，东南、东北与兴文县、长宁县连接。辖区面积1149.5平方千米，其中耕地面积267 780亩，绿化面积742 995亩。辖8镇13乡（其中苗族乡3个），262个村，18个居民委员会，1664个村民小组。珙县人民政府驻地为巡场镇街道。

根据第七次人口普查数据，截至2020年11月1日零时，珙县常住人口为339 200人。珙县历来为多民族杂居地，除汉族外，有苗族、回族、彝族、藏族、土家族等14个民族成份。其中苗族人口26 135人，占珙县少数民族总人口的98.8%。

珙县属山区县，地势南高北低。最高处为靠云南省界的王家镇南侧四里坡，海拔1642米；最低处是县城郊外的狮子滩，海拔310米。县境内重峦叠嶂，低山、低中山约占三分之二，丘陵、槽坝只占三分之一。地表由南向北倾斜，为狭长形。南北距67.8千米，东西宽41.5千米。

珙县境内有沟通云、贵、川三省的叙高公路、川云公路、宜威公路等主干公路，成珙铁路、金筠铁路贯穿县境，是宜宾市南部重要交通枢纽和物资集散地。高等级水泥路直达宜宾市城区，1小时内即可达宜宾机场和长江航运码头。

珙县是四川省重要的能源、建材、化工基地，储存无烟煤炭12.15亿吨，硫铁矿2.26亿吨，石英砂4700万吨等14种珍稀矿种。除此之外，珙县还有“中国使用页岩气第一镇”——上罗镇。

珙县是川滇黔结合部宜宾半小时经济圈重要组成部分，森林覆盖率达43.68%，绿化覆盖率达47.28%，是四川省第一个实现绿化达标的盆周山区县。

2021年，珙县实现地区生产总值（GDP）191.47亿元，按可比价计算，比上年增长8.2%。其中，第一产业增加值29.29亿元，增长7.6%；第二产业增加值81.55亿元，增长6.5%；第三产业增加值80.63亿元，增长10%。三次产业对经济增长的贡献率分别为15.3%、33.1%和51.6%。三次产业结构由上年的16.5∶41.6∶41.9调整为15.3∶42.6∶42.1。

2022年，珙县实现地区生产总值191.5亿元。①

珙县境内有全国重点保护文物单位“僰人悬棺”。素有“神韵僰都，咽喉重镇”之称。有新发掘的恐龙化石群“石碑珙县龙”。2019年4月28日，四川省人民政府决定珙县退出贫困县序列。

第一节　发展定位

一、目标定位

1. 成渝地区双城经济圈知名文化旅游目的地。

2. 中国古僰文化之乡。

二、形象定位

“神韵僰都·文化珙县”：这个形象定位主要为了表现珙县僰人“悬棺之谜”，展现其厚重的历史文化和当代人文特点。

三、空间布局

“双核引领、双廊联动、组团集聚、全域发展”。

1. “双核引领”：以巡场镇为核心，打造全县文旅产业发展强大引擎，建设面向成渝都市圈的文化旅游北向门户、现代都市休闲度假旅游核心区；以洛表镇为核心，打造面向滇黔两地的文化旅游南向门户，建设全县旅游南

① 数据由今日头条号缩缩经略、宜宾头条于2023年2月4日发布。

部枢纽、僰文化旅游核心区，形成珙县旅游“北—南”两极的新局面。以双核为中心，辐射和带动周边区域，做全业态、做好服务、做大品牌，作为全域旅游破题的两大突破点和核心爆点，带活全县旅游，打响珙县旅游品牌。

2.“双廊联动”：以S436（宜威高速）、S312（重庆经叙永至筠连高速）为依托，以巡场、玉和、罗渡、洛表、观斗、曹营等沿线乡镇为节点，建设民族风情名镇，打造民族文化特色浓郁的僰·苗文化走廊，形成北接蜀南竹海、南联威信毕节、东达兴文石海、西通筠连古楼峰丛的外引内联文化旅游通道，主动融入巴蜀文化旅游走廊，提升僰·苗文化走廊建设水平。

3.“组团集聚”：依托三线建设工业文化遗迹、龙茶花海、蜀南温泉等文化旅游资源，推进资源整合，推动巡场、珙泉组团发展，建设高质量现代都市休闲度假区，做大特色都市休闲文化旅游品牌。依托苗族文化资源，推动罗渡、玉和、观斗组团发展，建设高水平苗族文化生态保护实验区，做响川南珙县苗族文化品牌。依托僰人悬棺、王家四里坡“珙桐花飞”、鹿鸣茶海、观宝山林海、长征红色文化、喀斯特地貌等资源，推动洛表、曹营、王家、洛亥组团发展，建设高品质文化康养旅游度假区，做亮中华僰人故里文化品牌。

4.“全域发展”：通过“点—线—面—全域”的形成和发展，实现旅游业统筹管理、整合营销、服务共享、产业联动，促进全区域、全要素、全产业的共振。通过实施“+旅游”战略，实现产业深度融合；“文化+旅游”依托四大文化品牌和八张文化名片，发展文化旅游，实现文化与旅游的融合；“工业+旅游”利用工业文化，发展工业体验和主题教育等，促进旅游与工业的融合；“农业+旅游”通过发展田园综合体、观光农业等促进旅游与农业的融合；“乡村+旅游”发展出休闲农庄、特色民宿、历史文化特色村落、乡村度假区等，促进乡村与旅游的融合。

第二节 资源和产业

一、资源概况

珙县旅游资源类型较为齐全，集聚度较高，组合度好，僰文化旅游资源荟萃，自然生态优势突出，休闲农业资源富集。

目前，全县已查明文旅资源共有2165处。其中，文化资源1125处，旅游资源1040处。

（一）文化资源

文化资源有1125处。全县共有地方戏曲剧种、传统器乐乐种、非物质文化遗产、文物四大类文化资源点1125个（不含42处消失文物）。其中，地方戏曲剧种1种；传统器乐乐种0种；非物质文化遗产60项；不可移动文物463处，国家级文物保护单位2个（其中文物保护点22个）、省级文物保护单位2个、市级文物保护单位1个、县级文物保护单位3个，可移动文物601件（套），二级可移动文物5件、三级可移动文物54件。

文化市场经营单位52家，从业人员296人。现有国家级非遗项目苗族蜡染技艺入选第一批国家及四川省传统工艺振兴目录，全县非遗保护项目国家级1项、省级4项、市级10项、县级44项。

目前已建成集文化馆、图书馆、博物馆、非物质遗产馆、游客服务中心为一体的文旅综合馆，建成四星级标准以上饭店1家，生态精品民宿8家，培育年营业收入3000万元以上文旅龙头企业2户，建成全县智慧旅游系统。

（二）旅游资源

旅游资源有1040个。其中，优良级旅游资源131个，占12.60%。新发现旅游资源点331个，占31.83%。五级旅游资源7个，约占0.67%；四级旅游资源31个，约占2.98%。全县旅游资源分布于8个大类、23个亚类、85个基本类型，分别占标准分类中大类的100%、亚类的88.46%、基本类型的64.89%。新发现曹营-观斗喀斯特地貌、红点齿蟾栖息地、坟景子僰人岩画群等四级旅游资源8个。特品级旅游资源（五级）2个，优良级旅游资源（五、四、三级）57个，普通级旅游资源（二、一级）103个，呈金字塔状分布，在空间上较为集中地分布于中南部地区。[1]

二、产业发展

目前，珙县拥有A级以上景区3个、省级生态旅游示范区1个，四星级农家乐4家，三星级农家乐12家，无星级酒店，餐饮服务对象主要以本地居民为主，主营收入来源于承接家庭宴席和商务零餐。已创建龙茶花海国家4A级旅游景区，鹿鸣茶海省级生态旅游示范区、3A级景区，石板溪生态园3A级景区，珙泉镇中心村、玉和苗族乡杨家村等7个村被认定为省级文化扶贫示范村，巡场镇德田村被认定为省级旅游扶贫示范村，珙泉镇鱼竹村、巡场镇三合村、洛表镇飞跃竹被认定为竹特色村，1人获评文旅部2020年度全国乡村文化和旅游能人。其中：

1．珙泉镇依托三线工业遗址、蜀南温泉，结合蜀南地宫、珙泉镇鱼竹村等，打造集温泉疗养、三线文化体验、乡村旅游为一体的温泉乡村旅游重点镇。

2．王家镇以四里坡原始森林公园为主体，以四里坡珙桐花为名片，以五尺道、湿地公园等为依托，以白酒文化为风韵，建设集康养、度假、休闲、娱乐为一体的白酒文化和高山康养生态乡村旅游重点镇。

3．曹营镇依托自然生态、僰文化和长征文化，将石碑恐龙、石碑桫椤、鹿鸣茶海等串联起来，打造集生态观光、文化体验为一体的贡茶文化和长征文化乡村旅游重点镇。

4．玉和苗族乡围绕“文韵苗乡，活力玉和，多彩苗寨”目标，着力打造“川南第一苗乡”。

5．罗渡苗族乡依托王武寨苗族非遗项目，推进“三河六岸”库区特色观光休闲农业区和田园风情旅游景区建设，建设“中国民间文化艺术之乡”。

① 出自2020年宜宾市文旅资源普查资料。

6．观斗苗族乡利用苗族文化和红色文化，建设集苗族风情和农业观光于一体的边贸乡村旅游重点镇，着力打造“芦笙文化之乡”，塑造“笙声不息”苗族文化旅游品牌。

近些年来，成功举办“珙县文化成都行”“首届西部芦笙文化节”“龙茶花海山地半程马拉松国际邀请赛”“民歌山歌大赛”“民族广场舞比赛”“新年二胡民族音乐会”等系列活动。文创旅创产品走向世界，手工麦秆画参加中白民间艺术精品展并被白俄罗斯国家图书馆永久馆藏；大型纪录电影《婚喜中国——僰人》在美国纽约时代广场播放，“僰菇”“僰人贡酒”“珙州三宝”“王家老酒”等在2020年四川特色旅游商品评选活动中获4金2铜佳绩。脱贫攻坚主旋律电影《最后一公里》在全国公映，创作拍摄的《老师您好》获“全国新创少儿歌曲”，原创小品《她来了》获全国小品展演三等奖，原创舞蹈《苗蓝》、音乐《做个好人很容易》双双荣获第二届四川艺术节“群星奖”。“农民文化理事会”机制被评为全国第三批公共文化服务体系优秀示范项目，珙县被省委宣传部列为四川省乡镇公共文化服务提质增效试点县。

2020年旅游总收入为36.24亿元，是2015年2.35倍，年均增长27%；旅游人数342万人次，是2015年1.8倍，年均增长15%。

到“十四五”末，国家A级旅游景区数量将达到5个，其中国家4A级旅游景区2个、3A级景区3个，建设省级生态旅游示范区2个、新增省级旅游度假区1个、文化旅游新业态示范基地1个、天府旅游名村或省级乡村旅游重点村3个，精品特色旅游线路4条。全县旅游总收入达到75亿元，年均接待国内游客达到880万人次，旅游业对国民经济综合贡献度进一步提高。①

① 出自珙县《“十四五”文旅发展规则》。

第三节　文旅特色

一、特色文旅

珙县旅游资源以山岳景观、峡谷景观、喀斯特地貌景观、瀑布景观、僰文化、苗文化、康养气候地、特色村寨、特色农业园区、特色美食、农特产品、节事活动12个方面为主要特色。

因此，珙县文旅特色包括喀斯特地貌景观、僰人悬棺之谜、珙桐花景观、五尺道景观、工业矿山遗址景观、蚕桑基地体验、地方名吃、山区特产等。同时加强农耕文化、僰文化、川南苗族文化、红色文化、茶马古道文化等乡村优秀文化遗产保护利用。

二、地方特产

有鹿鸣贡茶、楠桥蚕桑、鹿鸣玉片、葛根粉、上罗黄牛肉、王家白酒、洛表磕面、王家跑山鸡、麦秆画等。

三、美食美味

有肥肠豆花、芽菜肉蟹、萝卜酥饼、洛表猪儿粑、巡场烧烤、苗家菌香鸡、僰乡风味鸭、上罗粉蒸牛肉、底洞豆腐干、王家酸菜米豆汤等。

四、非物质文化遗产

珙县非物质文化遗产共计59项，国家级1项、省级4项、市级19项、县级35项。其中，国家级、省市级主要有蜡染技艺（苗族蜡染技艺）、苗族古歌、川南山歌（珙县山歌）、珙县珙石雕、传统正骨疗法（李氏正骨术）（何天佐传统中医药正骨疗法·第三批项目编号为Ⅸ-4）、川南苗族手毽、镂印版画、珙县麦秆画、鹿鸣茶制作技艺、僰乡猪儿粑制作工艺、王家白酒传统酿造技艺、底洞金曲村白酒酿造技艺、沈氏泡菜制作技艺、豆腐干制作工艺（底洞豆腐干制作技艺）、恒丰民间接骨术、珙县苗族吃新节、珙县苗年节、珙县苗族牛皮鼓制作技艺、珙县苗族织布技艺、珙县狮舞、珙县苗族芦笙制作技艺、珙县苗族民间故事、珙县苗族叶哩制作技艺、僰人民间传说等。[①]

第四节　景区景点

景区景点：龙茶花海景区、玉秀苗寨、洛亥僰人悬棺、曹营古寨、王家珙桐花海、芙蓉矿务局旧址、鹿鸣茶海景区、石板溪娃娃鱼生态园、麻苏湾—石堡寨景点、王家四里坡原始森林—珙桐园、半边寺、北京寺、民权梯田、龙抱山自然风景区、观宝山森林公园、隘口贞洁石坊、龙化石群、珙县僰人悬棺陈列馆、曹营石寨古堡等。

一、僰人悬棺

僰人悬棺为古代西南少数民族文化遗留之地，现主要保存在珙县洛表镇、曹营镇，被称为“世界之谜”。

关于僰人的记载，最初见于《吕氏春秋》，其后僰人的活动史不绝书。1956年，珙县“僰人悬棺”被列入了四川省第一批文物保护单位。

僰人悬棺葬在宜宾市珙县、兴文、筠连等县境内均有分布，被称为世界之最、巴蜀一绝。悬棺葬是古代少数民族的一种葬制。在珙县洛表镇西南麻塘坝，现存悬棺223具，以木桩悬棺为主。置棺高度一般在20米到60米，高者达100多米。绝壁上还有密如蜂眼的桩孔遗迹和红色彩绘岩画200多幅。岩画内容丰富，有骑射、舞蹈、杂技和各种动物、武器、几何图形等形象，古朴生动。

---

① 出自 2020 年宜宾市文物普查资料。

悬棺的具体葬式有三：一是在岩壁上先凿好方孔，楔入木桩，然后再置棺木桩上。二是利用天然岩穴，将棺木置于穴内。三是于岩壁上用人工凿出长方形横龛，将灵柩卧放其中。

在悬棺周围的岩壁上，有许多用红色（少数为白色）彩绘的岩画，有的至今色彩犹新。绘画采用的是平涂手法，虽线条粗犷，但形神并具，生动活泼，人物极富变化和动感，题材广泛，内容丰富。

二、龙抱山自然风景区

龙抱山自然风景区位于珙县上罗镇新联村，同僰人悬棺景区毗邻而处，是芙蓉山省级风景名胜区的精华景区。上罗镇是一个传统农业乡镇。该镇长期以种养业发展为主，且已坚持数十年的植树造林，使上罗坝区格外山清水秀、天朗气清，而地处上罗坝边缘崇山峻岭中的龙抱山景区，更是纤尘不染、清幽美丽、超凡脱俗。

龙抱山景区由一条蜿蜒如蛟龙的5 000米长的大峡谷环绕数十座巍峨秀丽、植被良好的峰峦而成。传说僰人首领阿大王率族人抗击官府被镇压、兵败九丝城壮烈牺牲时，峡谷里曾闻一声长吟，随后一条金龙飞出，绕山三匝，腾空而去。峡因故而得名龙吟峡，山因故而叫龙抱山。

三、观宝山森林公园

观宝山森林公园位于珙县洛表镇，由1213个山头组成，相映成趣。观宝山最高峰海拔1270米，林木面积达10 700亩，群峰竞秀，空气清新，宁静幽美，四时风光不同，晨昏景色各异。园内40万立方米的大槽水库设有亭台水榭，此地还有优美的传说，增添歌赋雅兴。观宝山森林公园距僰人悬棺仅10千米，交通方便，园内招待所清洁舒适，是一处休闲避暑的理想天地。

四、蜀南温泉

蜀南温泉俗称温潭井，始建于1919年。1934年筑池，现今的船形仿古式建筑是1988年建成完工的。内设淋浴室20间，单间盆池26套，男女大浴池各一个，室外温水游泳池一个。温泉位于珙县城西的洛浦河心，紧接县城大街，周围群峰拔翠，流水清幽，构成了温泉的天然景趣。

温泉是由地下水，经地热变温之后涌出地面而形成的。现已建成仿古建筑，占地面积2100平方米，楼台亭榭，布局合理，雅静适宜。年入浴容量30余万人次。

五、隘口石坊

隘口石坊位于珙县玉和苗族乡，是一座节孝坊，建于清道光二十八（1848年）年。石坊占地80平方米，由米粉石构造，四柱三门，层重式，三重檐，殿式顶，十二鳌角翘首凌空，坊上匾额楹联众多，字迹遒劲，被誉为“川南第一坊”。

六、大型恐龙化石群

1951年5月，位于长江之滨的四川省宜宾市发掘出一具长13米的恐龙化石，开新中国成立后我国出土恐龙化石之先。

1997年，又在珙县石碑乡发现大型恐龙化石群，发掘出成年恐龙化石6具，其中3条为蜥脚类，3条为兽脚类。从牙齿上看，既有食肉类，又有食草类。此外还有共存的古代蚌类、植物化石。在250平方米的范围内，发掘出两大类恐龙化石群，且保存完好，排列有序，实属罕见！其中最大的一条龙长约13米，自然高度约3米。

1998年1月19日，经专家认定，这批化石属早侏罗纪恐龙动物群，为1.99亿年前的恐龙化石，比自贡大山铺恐龙动物群还早三千万年左右，介于云南禄丰恐龙动物群与自贡大山铺恐龙动物群之间，弥补了这期间的空白，从而使我国出土的恐龙化石形成了比较完整的系列。

珙县蜥脚类恐龙新种正式命名为“石碑珙县龙”。这一发现对于研究早期恐龙的起源进化提供了实证，在恐龙研究上具有重要的地位。

七、芙蓉山

芙蓉山风景名胜区位于珙县境内，距巡场镇5千米，是以悠久、丰富的历史文化，特别是僰人文化为特征，融悬棺、温泉、山峰森林于一体的人文景观和自然景观。芙蓉山历史文化遗迹有大洞，相传是张献忠部将宋尧在此安营扎寨，操练部队，然后袭取珙县，转战兴文。洞口的残垣废垒，至今犹存。

芙蓉山风景名胜区，景观十分丰富。景区内重峦叠翠，溪流萦回，峭壁悬崖，飞珠溅玉，奇峰异石，珍贵名木，沟壑纵横，阡陌交错，溶洞奇观，田园风光，是集自然景观和人文景观为一体的旅游胜地。其景点有30余处。1995年3月，芙蓉山风景区被列为四川省级风景名胜区。

八、龙茶花海

龙茶花海景区，位于素有“神韵僰都、活力珙县”之称的珙县巡场镇龙塘村（又称“茶花山”），距离珙县县城5千米，是继“宜宾酒海”“蜀南竹海”“兴文石海”后的蜀南第四海。

龙茶花海是一处以精品茶花景观为载体，以茶花艺术为特色的人文自然风景区。茶花种植5000多亩，被国际茶花协会主席格利高里·戴维斯赞誉为“世界最大的茶花基地”。龙茶花海的打造成功标志着万里长江第一城——宜宾又多了一张新名片，花海与全国知名旅游品牌“长宁竹海”“兴文石海”互为犄角，是宜宾市首个花卉苗木类生态旅游休闲景区。

龙茶花海是珙县按照“绿色清洁工业城市、山水园林城市、生态文化旅游城市”目标，大力打造以茶花为主导的4A级旅游风景区。龙茶花海景区已被旅游部门纳入珙巡两地环线休闲旅游风景区建设、僰人悬棺——隘口牌坊旅游中轴线建设和以“谜文化”为核心的僰文化产业发展规划之中，并形成融历史遗迹、特色风景、文化休闲、餐饮娱乐为一体的，具有丰富历史文化内涵和现代文明气息的旅游观光圈。

2010年3月5日，国际茶花协会主席戴维斯在珙县龙凤茶花基地参观考察后惊叹地说："我可以毫不犹豫地说，这是中国最大的茶花基地，也是全世界最大的茶花基地。"

九、鹿鸣茶海

鹿鸣茶海是脱贫攻坚公益电影《最后一公里》的主要拍摄地，位于珙县曹营镇永兴茶场，距珙县县城90千米，与世界之谜"僰人悬棺""中国石海"等毗邻，至今还保留川滇茶马古道的遗迹，它是茶马古道的一条重要分支。

鹿鸣茶海平均海拔1150米，常年云雾缭绕、空气氤氲、清泉甘洌，是久负盛名的"鹿鸣贡茶"的出产地，也是休闲避暑、观光旅游的绝佳去处。浩瀚万亩茶园依山就势而建，跌宕起伏，步移景变，游人处处能体会到"茶山多胜景，人在画中游"的感觉，游客甚至可加入采茶行列，与茶姑一起感受采茶的乐趣。大龙潭青山环列，水光山色，云树烟波，一碧万顷。当年红军曾在这里辗转作战，红军战士曾在大龙潭题诗："巍峨峻岭起子烟，墨样风云卷石澜；幽壑蛟龙方觉醒，升腾霖雨济人间。"

茶海绿化覆盖率达90%，其中植被覆盖率达80%以上，空气清新，负氧离子含量高。先后被评为省级示范农业主题公园、四川最美茶旅目的地、四川省精品农业标准化旅游区、省级休闲示范农庄。2017年成功创建为国家3A级旅游景区；2018年，又成功创建为省级生态旅游示范区。

十、上罗代家村

上罗镇代家村地处乌蒙山区，距珙县县城80千米、上罗镇8千米。全村共8个农业社，430户，1758人。近年来，代家村"两委"带领群众苦干实干，创造出"勇敢闯、顽强拼、齐奋进"的代家精神，将一个典型的无区位、无资源、无产业的三无村，变成了远近闻名的富裕村、花园村。

代家村支部紧紧围绕壮大村集体经济、带领群众创业致富的思路，成立珙县群兴花木专业合作社、珙县代家苗木绿化工程有限公司、竹片加工厂。2021年，代家村集体经济收入达180万元，村民人均收入达2.78万元。

十一、凤凰苗寨

凤凰苗寨位于珙县玉和苗族乡凤凰村，是玉和苗族乡人口较多的苗族集聚村。

近年来，凤凰村坚持以过苗年等节庆活动讲好民族团结故事，举办苗年文化活动，邀请全县和周边省市区县嘉宾共同过年，促进民族团结进步；以古歌传唱讲好苗族文学史诗故事，并成立了川南首个苗族古歌合唱团——珙县讴茂呀哩苗族古歌合唱团；以传承苗族非遗文化为目的，以建立蜡染培训基地为中心，以打造“蜡染之村”为目标，讲好苗族文化技艺传习故事；以建设民俗文化展览馆为平台，充分展示农耕民俗文化，讲好乡愁故事，寄托乡愁情结。

凤凰苗寨用独特的自然环境和人文优势，以“春花、夏凉、秋果、冬雪”等活动为载体，开展梨花节、消夏节、品梨节、踏雪节。正所谓“十里春风梨花开，千古苗韵凤凰来”。

十二、王家镇珙桐花节

王家镇珙桐花节，又名珙县王家镇鸽子花节，由王家镇党委政府举办。该活动从2015年起每年举办一届，一般在4月底至5月初珙桐花盛开时举行。

在乡村及生态旅游日益盛行的今天，珙县王家镇依托四里坡丰富的自然资源和人文底蕴，以打造“飞鸽起舞”珙桐花开主题活动的方式，全方位呈现其得天独厚的旅游资源，将生态观光与本地旅游产业发展进行了完美的结合。每年前来参加活动的外地游客都多达上万人次。

珙县·鹿鸣星空

·第十章·

兴文　石海洞乡

兴文县地处四川省盆地南缘与云贵高原接壤的过渡地带，位于乌蒙山北端余脉，在北纬28°04′~28°27′，东经104°52′~105°20′之间，东西长47千米，南北宽43千米。东南与叙永县相邻，南与云南省威信县接壤，西接珙县，西北接长宁，北与江安、泸州市纳溪区毗邻。境内地势南高北低，北面以山间槽坝地形和浅丘地形为主，南部是中低山地区，多为石山沟谷地形，海拔在175~1795米之间。总面积1379.89平方千米。下辖8个镇、4个乡。兴文县人民政府驻地为古宋镇香山西路105号。

截至2021年末，兴文县常住人口37.9万人，民族主要有汉族，次为苗族，还有回、藏、满、纳西、布衣、拉祜族等。

兴文县气候宜人，资源丰富，风光秀丽，可谓物华天宝。从气候类型看，属亚热带湿润型气候，气温温和，雨量充沛，无霜期长，四季分明。全县主产水稻、玉米、小麦、红苕等粮食作物和油菜、烤烟、茶叶、水果等经济作物。矿产资源丰富，为川南矿区西段富集区，经国家地矿探测发现的矿产有硫、煤、盐、磷、铜、钾、铝、石灰石、大理石等28种。其中硫铁矿、煤、盐、磷、石灰石等矿储量极为丰富，天然气和盐的储量极大，全县有林面积723 056.2亩，主要林产品有木材、生漆、楠竹、杂竹、五倍子等，1989年被列入部省联营基地县。从畜牧资源来看，全县有牧草地90 930.4亩，其中1万亩以上成片的牧草地有5个，主要畜牧产品有猪、牛、羊、兔、家禽等。

2021年，兴文县实现地区生产总值163.15亿元。分产业看，第一产业增加值30.57亿元，第二产业增加值46.59亿元，第三产业增加值85.99亿元。三次产业结构为18.7：28.6：52.7。全年人均地区生产总值42 933元。[①]

① 出自兴文县 2021 年政府工作报告。

2022年，兴文县实现地区生产总值161.1亿元。[①]

兴文县历史悠久，是古代僰人繁衍生息和最终消亡之地，是四川省苗族聚居人口最多的县，是川南早期革命的主要发源地、红军北上抗日的途经地、川滇黔边区红军游击纵队的主要策源地和转战地，民族文化、红色文化、地方文化风情浓郁，曾留下杨升庵题咏和朱德赋诗。拥有国家重点风景名胜区、世界地质公园、国家4A级旅游景区——“兴文石海”，其核心景区集世界特大天坑、地表石林、地下溶洞、卧虎景观于一体，被中共中央原总书记胡耀邦题词赞为“天下奇观”。

全县境内名胜古迹较多，风光奇特秀丽，尤其是以喀斯特岩溶地貌为特征的溶洞群堪称一绝。350平方千米的风景区美不胜收，其中以“三绝共生”而扬名全国的石海洞乡，石峰林立，溶洞纵横，即将获得国务院批准成国家级旅游风景区。此外，闻名遐迩的“悬棺”、九丝古战场遗址及九丝山石刻、同心抗蒙军城（凌霄城）遗址等，具有较高的研究价值。博望的风景区、晏阳湖、大坝鲵源具有较好的旅游价值。

第一节　发展定位

一、目标定位

1. 天府旅游名县。

2. 国家级全域旅游示范区。

二、形象定位

“秀美苗乡·幸福兴文”：此形象定位着力表现兴文的自然景观和苗家风情，同时揭示兴文未来奋斗目标的价值取向。

---

① 数据由今日头条号缩缩经略、宜宾头条于2023年2月4日发布。

三、空间布局

构建“一海一城两山三线五重”文旅发展新格局。

1．“一海”：创建国家5A级旅游景区和国家级生态旅游示范区——兴文石海。

2．“一城”：建设僰·苗文化国际旅游休闲城。

3．“两山”：打造以僰王山、仙峰山为依托的两个旅游度假区。

4．“三线”：打造三大文化旅游精品线。

（1）喀斯特奇观旅游精品线：依托世界地质公园四大园区，打造僰人巨石阵景区—僰王山—太安石林—兴文石海为重点的科普、研学和喀斯特奇观精品环线。

（2）康养生态旅游精品线：依托僰王山、仙峰山独特的避暑资源，深度挖掘苗族文化、家风文化，打造凉水湾—僰王山—凌霄山—仙峰山—青山岩为重点的生态康养度假精品线，推动森林康养、温泉度假、苗医药养生等业态相融共兴。

（3）红色文化旅游精品线：依托红军长征途径地和川、滇、黔游击纵队遗址，打造石菊古地—九丝僰王城—大坝喀斯特水乡—花湖—川滇黔边区游击纵队纪念馆（古宋）等为重点的红色文化和僰人文化旅游精品线，建设红色旅游研学基地，升级改造红军川滇黔边区游击纵队纪念馆。

5．“五重”：建设石海镇、僰王山镇、仙峰苗族乡、大坝苗族乡、九丝城镇重点文化旅游乡镇。以喀斯特文化和农耕文化为主的石海文旅镇；以竹生态康养旅游为主的僰王山文旅镇；以康养度假和苗族文化为主的仙峰文旅乡；以喀斯特水乡和“高装”非遗为主的大坝文旅乡；以红色文化和僰王城遗迹为主的九丝城文旅镇。

第二节　资源和产业

一、资源概况

兴文是四川最大的苗族聚居县，也是全省文旅大县，文化和旅游资源十分丰富。

目前，全县已查明文旅资源点共计1905个。其中，文化资源902处，旅游资源1003处。

（一）文化资源

文化资源有902处。其中，有大坝高装、苗族花山节等120项非物质文化遗产。有国家级非物质文化遗产项目1项，省级非物质文化遗产项目3项，市级非物质文化遗产项目16项，县级非物质文化遗产项目100项；有省级文物保护单位1处，市级文物保护单位13处，一般文物点435处；有二级文物2件，三级文物19件；有县文化馆（国家二级）1个，县图书馆（国家三级）1个，县博物馆1个，乡镇综合文化站15个（其中有3个省级和2个市级综合文化站），村综合文化服务中心160个、社区综合文化服务中心18个；建成惠民书吧15个，农家书屋“二进农家”示范点8个、公共电子阅报屏27个、24小时自助书屋1个。

除了美景外，兴文还有溶洞窖藏的洞藏酒、竹之清香的竹筒酒、润肺养生的猕猴果酒和独具特色的苗家米酒以及乌骨鸡、方竹笋、猕猴桃等农特产品。在兴文，游客不仅可以品尝刘抄手、乌鸡宴、苗家长桌宴等美食，还可以购买苗家高山茶、苗家老腊肉、红心猕猴桃等特色旅游商品。①

已完成12个乡镇的15个综合文化服务中心和178个村级综合文化服务中心达标建设工作。成功列入2020年度四川省智慧广电示范区创建项目支持地区，全县12个乡镇实现应急广播全覆盖，12个乡镇144个行政村的“雪亮工程”监控视频专网已铺就覆盖。公共文化服务设施均实行免费开放服务，为

① 出自2020年宜宾市文旅资源普查资料。

广大群众提供了健康、有益、舒适、专业的文化活动场所。每年开展“精准扶贫·文化扶志”主题送文化下乡30场以上，较大型群众性广场文化活动10场以上，开展“书香石海·清雅兴文”主题全民阅读活动12场以上。每年春节、七夕、中秋、重阳、苗年等节假日均举办晚会或音乐会等群众性文化活动和文化旅游推广活动。以民俗、文化、旅游、脱贫等为主线，深入开展文艺精品创作“八个一”活动，其中创作抗疫文艺作品300余件，收集了10余个作品集，制作了《抗疫文艺作品汇编》，创作脱贫攻坚主题文艺作品近300件。保护传承优秀文化，兴文县委旧址修缮、建武明碑保护性设施建设、县博物馆升级改造等工程基本完成，完成10个中华优秀传统文化传承基地，公布了第六批县级非遗名录，收集了1200余件文物，举办了“文化和自然遗产日”兴文县非遗宣传展示和“非遗购物节”活动。发展文化产业，加快推进粤华星光天地城市文化体验中心等文化产业项目建设，文旅商品一条街引进企业10余家。

（二）旅游资源

旅游资源有1003个。其中优良级旅游资源397个，占39.6%，有兴文石海、“梦幻山水、养生天堂”的僰王山、红军长征途经地石菊古地、避暑康养胜地仙峰山等景点，有4A级旅游景区4个、3A级旅游景区4个，有代表性的景区（点）近100个，是四川旅游资源最丰富的地区之一。新发现旅游资源点480个，占47.9%。全县森林覆盖率达46.77%，竹林面积50余万亩。

现阶段，共有4个国家4A、4个国家3A级旅游景区、1个旅游度假区、2个省级生态旅游示范区、7个省级森林康养基地，主要分布在石海镇、僰王山镇、仙峰苗族乡、共乐镇。[①]

二、产业发展

按照全域旅游发展规划，兴文加快构建“一海一城两山三线五重”文旅发展新格局。以创建天府旅游名县、国家级全域旅游示范区为载体，以创建

① 出自2020年宜宾市文旅资源普查资料。

国家5A级旅游景区为引领，发挥全域旅游辐射效应，推进世界旅游目的地建设，共建长征红色旅游走廊，共建巴蜀文化旅游走廊，共建中国南方喀斯特世界自然遗产，形成区域联动、城乡融合、均衡协调的文化和旅游发展布局。

目前，全县共有A级旅游景区8个，农家乐（乡村酒店）101家，宾馆酒店94家，餐馆308家，旅行社服务网点12家，旅游商品生产和经营企业4家，旅游购物点1家，以文化设施、旅游接待、住宿餐饮、娱乐购物、景区游览、旅游交通为一体的文化和旅游产业体系逐步完善，旅游投资活力日益增强。

近些年，兴文县对标统筹推进天府旅游名县、全域旅游示范区、A级景区、特色村镇等文旅品牌创建工作。成功创建天府旅游名县候选县、省级全域旅游示范区、四川省乡村旅游强县，入选全国康养60强县；新增4A级旅游景区2家（石菊古地景区、僰人巨石阵景区），3A级旅游景区4家（水泸坝景区、凉水湾景区、九子山景区、太安石林景区），兴文石海景区创建5A级旅游景区正有序推进；新增省级生态旅游示范区1家（僰王山景区）；新增省级森林小镇1个；新增省级森林康养基地2家（兴文毛叶山桐子森林康养基地、兴文九龙山森林康养基地）；新增省级乡村旅游重点村1个；新增星级农家乐（乡村酒店）16家；新增四川省中小学生研学实践教育基地1个；新增省级科普基地1个；获得2020四川特色旅游商品铜奖1个；兴文世界地质公园被自然资源部、科技部命名为“国家国土资源科普基地”；大坝苗族乡入选2018—2020年度“四川省民间文化艺术之乡”；四川苗族·中国僰人科普基地（兴文县博物馆）被公布为四川省第十一批省级科普基地。

另外，僰王山镇成功创建宜宾市竹特色镇，僰王山镇永寿村成功创建市级旅游扶贫示范村，新增竹林人家11家，新增宜宾市竹特色村7个。

“十三五”期间，兴文县旅游业接待游客总人数和总收入除2020年受新冠肺炎疫情影响略有下降之外，2016年至2019年均保持稳定增长。2016年，全县共接待游客451万人次，实现旅游收入63.74亿元；2017年，全县共接待游客561万人次，实现旅游收入81.11亿元；2018年，全县共接待游客714.5万人次，实现旅游收入92.33亿元；2019年，全县共接待游客1100万人次，实现旅游收入115亿元；2020年，全县共接待游客1092万人次，实现旅游收入108亿元。“十三五”期末与“十二五”期末相比，2020年的旅游人数是2015年的2.2倍，旅游收入是2015年的1.2倍。[①]

目前，兴文县已获评中国天然氧吧、全国康养100强县、2021年中国县域旅游发展潜力百强县、四川省乡村振兴成效显著县、四川省休闲农业重点县、四川省生态县、四川省乡村旅游强县。2021年，僰人巨石阵景区成功创建国家4A级旅游景区，兴文长征文化公园获评“四川省首批中小学红色教育研学实践基地”，兴文石海世界地质公园获评“首批四川省地学研学旅行实践基地”，仙云峰度假区成功创建宜宾市旅游度假区，僰王山镇永寿村获评省级乡村旅游重点村。

第三节　文旅特色

一、特色文旅

文旅特色集中表现为：山岳景观、峡谷景观、喀斯特地貌景观、瀑布景观、康养气候地、特色村寨、特色农业园区、僰苗文化、苗族医药、特色美食、农特产品、苗家山歌、民族节事活动。

二、地方特产

有兴文乌骨鸡、兴文猕猴桃、石林西瓜、仙峰豆豉、仙峰羊、晏阳玉兰片、泸硒牌富硒生态米、赵氏泡菜等。

三、美食美味

有鸡丝凉面、大坝白肉（裹脚面）、腊味蒸滑鸡、扫把鱿鱼、滋补老鸭汤、鸡丝豆腐脑、兴文乌骨鸡宴席、苗家九大碗、兴文刘抄手等。

---

① 出自兴文县《“十四五”文旅发展规划》。

四、非物质文化遗产

兴文县非物质文化遗产共计146项，国家级1项、省级3项、市级21项、县级121项。其中，国家级、省市级主要有抬阁（芯子、铁枝、飘色）（大坝高装）、微刻（贾氏微刻）、土法榨油技艺、苗族踩山节（苗族花山节）、苗族传说、兴文民间要锣、苗族竹箫、苗族芦笙舞、贾氏微书、米酒酿造技艺、苗族芦笙制作技艺、苗族服饰制作技艺、苗族牛皮鼓制作技艺、苗族特效接骨医药、苗族药豆、兴文僰人赛神节、兴文建武僰道木台铁桩戏、苗族百桌长宴、苗族吃新节、苗族民间杂技、兴文刘抄手制作技艺、莲花龚氏芭蕉芋粉条传统制作技艺、兴文苗族治疗毒蛇咬伤古方疗法、兴文苗医治疗灌耳心（化脓性中耳炎）古方疗法、传统苗药（洗发液）古方及古方苗药熬煮洗发液制作技艺等。[①]

第四节　景区景点

景点景区：石海洞乡、石菊古地景区、大坝高桩、九丝长征公园、仙峰苗寨新村、水泸坝农业公园、僰王山景区、九丝僰王城遗址、九子山景区、僰人巨石阵景区、凉水湾景区、太安石林、建武明碑、和山书院、刘公生祠石座、长征文化公园、兴珙支部旧址、共乐永寿农业公园、兴文烈士陵园、棂星门石坊、凤鸣山旅游景区、九丝山石刻、甘洞湾苗寨景区、周家溶洞群、大坝鲵源风光等。

一、石海洞乡

石海洞乡为省级风景名胜区，位于兴文县中城镇南30千米处，该县石林、溶洞遍及兴堰、石林、周家、德胜、博望等17个乡境。景区总面积136

① 出自2020年宜宾市文物普查资料。

平方千米，由天泉洞中心景区、九丝山景区、大坝鲵源景区、周家沟溶洞景区组成。石海洞乡风景区是以喀斯特岩溶地貌为主的风景名胜区、国家重点风景名胜区、世界地质公园。因奇石林立、洞壑连襟而得名。地上、地下均由石灰岩构成，分为石林、石海、溶洞三个部分。整个景区地表奇峰林立，千姿百态；地下溶洞纵横交错，洞重洞，洞托洞，洞穿洞，大小溶洞相互交错，构成庞大的地下溶洞群。天下奇观集于一地，上下相映，与竹海、恐龙、悬棺并列为川南四绝。时任中共中央总书记胡耀邦题词赞为“天下奇观”。

石海洞乡中心景区面积14平方千米，分布在兴堰、石林两乡，距县城25千米，是一个以岩溶地貌为主的景区。地表石林怪石雄峰同地下充满幻景的龙空神洞，形成独特风貌，故称“石海洞乡”。石海洞乡是我国喀斯特地貌发育最完善的地区之一，地面怪石林立，如云南路南石林；地下溶洞纵横，似桂林芦笛迷宫。由天泉洞中心景区、九丝山景区、大坝鲵源景区、周家沟溶洞景区组成。地上、地下均由石灰岩构成，分为石林、石海、溶洞三个部分。

二、和山书院

和山书院位于兴文县二中校园内，为中式穿斗建筑，基本完整，建筑占地面积200平方米。在和山书院旧址，现还存留有清末年间的“振兴文教”石碑。

和山书院为清光绪年间所建，清末废科举行新学，光绪二十九年（1903年）和山书院改名为泸卫高等小学堂，民国元年（1912年）于此创办古宋中学，招两个班，附设于泸卫高等小学堂；1929年，开办古宋初中，春秋二季招生，到1944年，发展到8个班，有学生300人，专职教师20多人。在这里，曾培育出秦青川、王斌、文功元、常化知、刘复初等众多革命志士、优秀共产党人，是原古宋县传播新文化和革命思想的策源地。目前，管理单位为兴文县二中。

三、僰王山景区

僰王山，又名博望山，位于兴文县僰王山镇境内，属喀斯特地貌省级风景名胜区。景区在兴文县城西20千米处的僰王山镇北面，与槽坝相连，阡陌交通。博望山地势突兀，四壁绝崖凌空，主峰黑帽顶高耸入云，海拔达1180米。

僰王山景区，面积60平方千米，其中楠竹成片覆盖面积12平方千米。景区内以溪流、溶洞、瀑布等自然景观为主，有宋代僰人遗迹，蕴含丰富文化内涵，全景区具有秀、幽、险、旷、雄等美感，是旅游观光度假的好去处。

僰王山是古僰民族最重要的繁衍生息地之一，古名纶缚大囤、石头大寨，宋徽宗政和七年（1117年）赐名为博望山。此处竹林茂密，飞雾洞很壮观。山林植被葱翠，竹海茫茫，清幽静雅；山门沟谷溪流、瀑布湖潭、洞穴奇石等自然景观浑然天成。

四、建武明碑

建武明碑位于兴文县九丝城镇的玉屏墩南麓，长方形弧形顶碑，共5块，分大碑小碑两种，大碑高4.55米，宽2.3米，厚0.33米；小碑高3.5米，宽1.9米，厚0.33米；字径0.06米，字距0.03米，行距0.03米，阴文楷书；分别为《功宗小记碑》《平蛮碑记》《蛮碑记》《平蛮颂》《戎平行并序碑》，除《功宗小记碑》尚有部分字迹可识外，余皆风化殆尽，但民国《兴文县志》录有全文。

碑虽为万历二年（1574年）在建武城内给曾省吾、刘显等人所树的功德碑，却是研究历史的有用资料。1981年原宜宾地区行署公布为文物保护单位。

五、太安石林

太安石林距县城约35千米，占地面积40平方千米，其以石林、竹海、漏斗群、地下伏流、溶洞群等地质遗迹和各种自然景观为特色，是以科考观光为主的旅游区。

太安石林主要以古老的奥陶纪豹斑灰岩石林为主，兼有地表伏流，溶洞群等地质遗迹，园区内生态优良，楠竹苍翠，桢楠挺拔、与千年古银杏等构成了郁郁葱葱的林海，和石林相映成趣，景色秀丽，环境优美，被专家誉为“绿色石林的典范”。

六、凌霄山景区

凌霄山景区位于兴文县城西南部，距县城约24千米，面积22平方千米。景区以地表峡谷、瀑布等地质景观和以桫椤、楠竹等自然景观为特色，同时兼有僰人遗址的人文景观，可供游人考古游览。景区内以飞虹谷、龙潭沟为代表的溶蚀和流水侵蚀地貌与以流水岩、飞虹瀑为代表的瀑布形成了独具特色的峡谷瀑布景观。

凌霄山海拔1497.9米。三面悬崖峭壁，高耸云端，地形险要。自南宋至民国年间，一直为军事要地。现存南宋筑城岩碑、明代僰人遗迹、民国19年（1930年）川南工农革命军独立团战斗遗址。另有荤素井、四十八道拐等景点。

此外，县内还有都掌人（僰人）在明初建立的九丝城遗址。国家重点保护文物僰人悬棺，以及明王朝镇压僰人反抗后竖立的平蛮碑群等景点。

七、仙峰苗家新村

兴文县仙峰苗族乡为少数民族聚居地，位于兴文县城以南52千米，海拔730~1795米。东临石林镇，南连九丝城镇和沙坝苗族乡，西接毓秀苗族乡与周家镇，北连两龙乡和长宁梅硐镇。清乾隆元年（1736年）设为居杭乡，民国二十四年（1935年）改为炭厂联保，1940年实行新县制改联保为乡，因仙峰山得名。

仙峰苗族乡自然景观优美，气候独特，苗族风情浓厚，境内有仙峰山、来佛寺、仙灵洞、仙人湖、千年银杏、黑洞沟、燕子洞等景点，且位于世界地质公园——“兴文石海”旅游环线上，旅游业前景广阔。

现阶段，仙峰苗家新村已经招商引资500万元修建了仙峰避暑山庄，新建2个农家乐，在做好申报“国家级森林公园”的基础上，积极打造“四川第一苗乡”特色文旅品牌。

八、周家沟溶洞群

兴文县周家沟，山峦起伏，秀色苍然，就在这崇山峻岭之间，谁也说不清到底埋藏着有多少溶洞。据20世纪80年代初步勘测，仅景区内就有大大小小的溶洞50多个。

这些溶洞纵横交错，构成一个庞大的洞穴群体。其中神龙洞、神风洞、神烟洞三洞相连，规模最大，总面积达100多平方千米。三洞各具特色，神龙洞瑰丽堂皇，宛如“东海龙宫”；神风洞宏佛深邃，面积有40万平方米，是天泉洞面积的4倍多，洞道长6千米，又称“地下长宫”；神烟洞烟雾弥漫，人称“迷宫仙境”。

如此神奇的地下世界，据地质学家考察，早在距今两亿七千万年到两亿四千万年时，这里原是一片汪洋大海，大约在两亿四千万年到两亿三千万年之间，这里才上升为陆地。在距今约七千万年时，全世界发生了大的造山运动，这里的石灰岩地层发生褶皱、断裂，经过含二氧化碳和草酸的雨水和流水长期淋滤，侵蚀及崩塌，才形成了今天的面貌。这就是所谓的“石海洞乡之谜”。

九、水泸坝现代农业公园

水泸坝现代农业公园位于兴文县僰王山镇水泸坝区，地处国家4 A级旅游景区僰王山北麓，是兴文县脱贫攻坚后接连乡村振兴的第一个农业公园。

农业公园依托僰王山国家4A级旅游景区和良好的耕种条件，打造集农业产业、旅游服务业、新农村建设的田园综合体，实现一二三产业的融合发展。水泸坝现代农业公园是一个集“农业产业、旅游服务业、新农村建设于一体的田园综合体”。园区规划建设项目23个，建成后将成为乡村振兴三产深度融合发展示范区，实现一二三产业的融合发展。

目前，水泸坝现代农业公园已整合投入资金7000余万元，在现有农业产业基础上进行农产品品种优化和丰富，实现农产品深加工。不仅整体提升农业产业水平，发展田园旅游产业；而且在吸引外来游客的同时，也为当地农民创造增收机会。

十、僰王山镇永寿村现代农业公园

僰王山镇永寿村地处乌蒙山区、兴文老县城即晏阳镇所在地斜对面，是兴文县近年来打造的第二个乡村振兴农业公园。全村有农户502户1859人。永寿村有3000亩翠冠梨主导产业基地，以“梨花节”“乌鸡文化节”“踩山节”为平台，大力发展乡村旅游，将永寿纳入“两海”旅游线路，辐射带动沿途5个村发展翠冠梨，打造幸福大道万亩果园观光产业带，提档升级沿线花雨岸生态农庄、凤鸣山庄，引入企业开办乌鸡体验馆，以节点聚集人气。同时，打响“富硒翠冠梨”“绿壳鸡蛋”品牌。采取“公司+合作社+农户”模式，带动农户养殖乌鸡，打响“中华乌鸡发源地”品牌。在主要道路两侧、家庭农场、农家乐等游客集散地栽种果树、观赏竹，打响“绿色生态游”品牌。

依托全村风貌打造，对全村可视范围内的农户房屋实行统一的风貌改造，墙壁上的彩绘图像融入了永寿村独特的少数民族文化元素，充分反映当地农业生产和农民生活特色；村民在房前屋顶自发悬挂国旗，形成一道独特的风景线；先后举办了两届永寿村苗族踩山节、兴文县首届乌鸡文化节等旅游特色活动，举办活动时融入了少数民族的服装、表演、米酒文化，让游客感受到永寿的乡土文化和民俗特色。配备专人打扫卫生，保证环境清洁，营造良好的观光氛围；有达标、足量的民宿保证游客住得舒心；有通过食品安全检查标准的农家乐保障游客体验永寿村独特的美食文化。游客们可以在这里观光、度假休息，可以在干净安全的小道上散步，欣赏永寿云雾缭绕、梨花漫山遍野的风景，也可以在树下闲坐喝茶话忆人生。

另外，乌鸡宴、立明养殖场荣获星级农家乐称号。永寿村获得中国乡村旅游模范村和模范户、乡村旅游示范村荣誉称号。

僰人巨石阵是永寿村农业公园核心景点。经过漫长的地质演变，形成了现今极为珍贵的地质遗迹。典型的喀斯特岩溶地貌孕育出了千姿百态、亦真亦幻、韵味别致的石林迷宫奇观，在地质演变的作用下，形成了天然的九宫八卦巨石阵，守护了一代又一代古村落居民。

神秘的僰人巨石阵还见证了一个民族的悲壮历史。明万历元年（1573年），明王朝派数十万大军对当地僰人进行征剿，僰人虽殊死抵抗，却难逃消亡。这一场战役史称“叙南平蛮”。这场战役虽已成为历史，但被僰人巨石阵记录了下来，一个民族的铁血英魂得到了见证。

十一、凤鸣山风景区

凤鸣山风景区（又称仙姑洞）坐落于上虞古县城丰惠镇东南4千米，距市区百官16.5千米，全山方圆约5平方千米，南依多峰耸立、状如楼群的百楼山，为四明山北麓之余脉，东邻余姚市四明湖风景区，西接“梁祝”故事中的祝英台故里祝家庄。离山麓1千米的还珠村是东汉著名廉史孟尝的故乡，出镇西南4.5千米的东溪村是春秋时期越国谋臣范蠡“出三江入五湖”的隐居地，建有陶朱庙。景区多缓坡宽谷，山体层峦叠嶂，巨石嶙峋，山泉飞溅，林木茂密，具有良好的自然生态环境。

十二、共乐镇万亩高标准农田

共乐镇万亩高标准农田位于兴文县共乐镇拖船村。近年来，共乐围绕现代农业型中心镇发展定位，在高标准建设稻虾产业园区的同时，着力引进落地一批项目，推进近郊旅游向高档次和多元化发展，打造兴文县城“后花园”。其中，山朵万象园项目是由宜宾市山朵农业发展有限公司打造，规划占地面积3000亩，分三期工程建设，位于稻虾产业园核心区。目前，项目一期工程已投资500万元，其中位于东阳村的游客接待功能区已建设完成，占地面积8000平方米。

园区内设6个生态棚泡泡房，一是游客接待中心，占地面积75平方米，主要功能是对游客接待、咨询、售票等；二是产品展示中心，占地面积45平方米，主要是展示山朵集团和共乐当地的特色产品；三是会议中心，提供小型商务会议接待；四是稻虾科技馆，占地面积260平方米，主要是对稻谷和小龙虾的历史、种养殖，以及产量等各方面的介绍；五是儿童游乐园，占地面积260平方米，园内设有儿童游泳池、跳床、儿童单车等，为儿童提供一个游乐的场所；六是乡村书屋，占地面积45平方米，主要给当地和到园区游玩的小朋友提供一个看书学习的场所。

除此之外，山朵万象园项目还建设有游泳池、烧烤场、露天卡拉OK、乡村大舞台等功能区，不仅为游客提供了游玩打卡新场所，也为周边村民致富增收找到了新路子。下一步，山朵万象园项目还将建设农业服务中心、大米加工厂和稻田民宿，打造成为功能完善的现代生态农业园，助力共乐建设现代农业型中心镇。

十三、国家长征文化兴文公园

1935年2月5日至7日，红军长征时经过兴文，红二军团在兴文县建武驻扎，休整3天后，便向云南威信方向进发。为了纪念红军长征，2020年，兴文县在此修建国家长征文化公园。

国家长征文化兴文公园位于兴文县九丝城镇建武村，规划用地116亩，总投资约8000万元，分两期建设，主要建设内容为核心区研学游基地、2.5千米长征步道、游客中心、停车场等。

目前，国家长征文化兴文公园已经完成游客接待中心主体结构、长征步道地面铺砖、入口广场、红军谷、初心讲堂、长征纪念馆、禹王宫、露天剧场、纪念碑等建设。穿过长征精神大讲堂、禹王宫，便到了露天剧场。远远望去，红军烈士纪念碑巍然耸立，纪念碑上镌刻的“红军烈士纪念碑”和五角星熠熠生辉，在大山映衬下更显庄严肃穆。

国家长征文化公园（兴文公园）以九丝城镇建武村为核心区域，将石海镇顺河村、大河苗族乡李子关村、麒麟苗族乡德应村等红军长征红色资源纳入规划范围，营造“长征步道、长征宿营地、红军街、红色田园、长征研学基地”五大场景，着力打造长征文化研学、僰人文化体验、红色乡村度假等精品文旅业态。

十四、兴珙支部旧址

兴珙支部旧址位于九丝城镇建武村，房屋外观是一处典型的川南民居，虽已历经百年，却依旧挺立在山间，成为一段红色历史最好的见证。

1928年春，刘永吉、李国钊秘密建立了兴文县第一个中国共产党的组织——大石盘党小组。同年8月，张国忠、袁海扬、黄凤江等人组建中共珙兴支部。8月底，中共珙兴支部遭到叛徒出卖，袁海扬被捕，不久后即英勇就义。然而，张国忠、吴定扬等共产党人并没有被敌人的屠杀吓倒，他们认真总结了失败的教训，召集了兴文、珙县两县交界一带的党员李国钊、刘永吉、黄凤江、吴必鼎和返回家乡的刘元等人，在建武学田上刘永吉家里开会，决定成立"中共兴珙支部"。由张国忠担任支部书记，吴定扬任支部副书记，刘永吉任组织委员，李国钊任武装委员。

1928年9月，中共兴珙支部在兴文建武成立了，中国共产党从此在兴文这片红色热土上撒播下革命的种子，并在川滇黔边区不断发展壮大，坚持地方武装斗争，沉重打击国民党反动派的统治。

铭记红色历史，是为了传承红色血脉、不忘初心使命。今天的中国共产党必将不负先烈们的梦想与热血，实现中华民族伟大复兴。

十五、兴文苗族花山节

花山节，又叫"跳场""跳花""耍花山"或"踩花山"，是滇东北、滇南、川南一带苗族的传统佳节，源于青年男女的求爱活动，在每年正月或五月初举行。

兴文县一带，与云、贵、川三省毗邻，苗族同胞集中，人们跨省前来参加，人数常达数万人，规模盛大，万众欢腾。兴文苗族花山节在每年的正月初一至十五举办，十分隆重，苗族同胞着节日盛装，载歌载舞。

十六、兴文椎牛节

公历10月2日至4日是僰人最隆重的"赛神节"，僰人各部落皆要"倾寨而出”，聚集于一地，椎牛宰羊，在最高都老的主持下，举行丰富多彩、古朴隆重的盛大祭祀活动。届时，将进行祭石祖、立天梯、挂王旗、接天水、迎请太阳神鸟、铜鼓开光、赐福消灾平安天会、僰人都老地窖酒封坛存洞仪式、祭山狩猎等祭祀活动，并为年满十三岁的当地孩童举行成年仪式——椎发凿齿。

僰人后裔每晚将在古僰寨燃起熊熊篝火，跳起欢快的传统族舞，烤食猎获兽禽，表演上刀山、下火海、舔红铁、吞竹筷、下油锅等民间绝技。

兴文县·稻虾共生

·第十一章·

屏山　马湖古郡

屏山县因县城北面有锦屏山，其山如屏障，因此得名。屏山县地处金沙江、岷江下游，东接宜宾市区，西连雷波县、马边彝族自治县，北接沐川县，南与云南省绥江县隔江相望。全县面积1504.35平方千米。2012年10月，因修建国家大型水电水利工程向家坝电站，屏山老县城从金沙江畔整体移民搬迁到原宜宾县真溪乡丁发村岷江边。新县城屏山镇在东经103°18′30″，北纬28°39′相交处，距宜宾主城区42千米，距成都市300千米。截至2020年3月，屏山县下辖8个镇、3个乡（含2个彝族乡），16个居委会，259个村民委员会，113个居民小组，1790个村民小组。屏山县耕地面积为57.4万亩，森林覆盖率54.68%。屏山县人民政府驻地为屏山县金沙江大道西段139号。

根据第七次人口普查数据，截至2020年11月1日零时，屏山县常住人口为245 184人。2021年，全县总户数79 603户，户籍人口311 334人。县境内有少数民族32个，共9082人，主要有彝族、苗族、蒙古族、藏族、回族、侗族、布依族、傣族、土家族、壮族、白族等。

屏山县以农业为主，主产水稻、玉米、小麦、薯类、豆类、油菜、甘蔗、花生，盛产品质优良的茶叶、柑桔、白魔芋、龙眼、李子等。2019年三次产业结构为25.2：31.7：43.1，2015年为36.9：35.3：27.8，相较之下，第三产业有大幅提高，一产和二产均呈下降趋势。第一产业中，茶叶、水果、竹、油料、蔬菜、食用菌、烟叶等特色种植产业初具规模，其中以茶叶增长最为迅速，产量同比增长11.9%。第二产业中，纺织业增长43.8%，酒、饮料和精制茶制造业增长22.2%，轻工业总产值增长26.1%。第三产业中，以传统商业服务为主，现代服务业发展缓慢，文旅产业发展处于初级阶段，仅有3个3A景区，以政府主办文旅节庆为主。

屏山属于“金沙江下游国土开发规划区”重点和起点地区，又是国家长江流域生态环境建设工程首批重点县，居“龙头龙颈”位置，并且又是川南资源开发区的过渡区，居“两区一工程”重点区域。境内资源丰富，自然和经济社会地理位置优越。

屏山县是国家大型水电工程向家坝电站库区移民人口最多和淹没区面积最大的山区县。2020年2月，四川省人民政府同意屏山县退出国家级贫困县。2020年7月29日，入选2019年重新确认国家卫生乡镇（县城）名单。

2021年，屏山县实现地区生产总值（GDP）101.29亿万元，按可比价格计算（下同），比上年增长9.5%。其中，第一产业增加值247 515万元，增长9%；第二产业增加值337178万元，增长8%；第三产业增加值428 195万元，增长11.1%。三次产业对经济增长的贡献率分别为24.9：27：48.1，三次产业的结构由上年的27.3：30：42.7调整为24.4：33.3：42.3。人均地区生产总值（GDP）41 512元，增长10%。①

2022年，屏山县实现地区生产总值110.5亿元，同比增长5.1%。其中，第一产业增加值27.6亿元，增长4.6%；第二产业增加值39.1亿元，增长6.5%；第三产业增加值43.8亿元，增长4.3%。②

屏山县历史悠久、人文厚重、物产丰富、文旅资源富足、地理位置十分重要，是通往云南边陲、大小凉山地区的交通要道。也是汉彝民族融合聚居重点地区。

第一节　发展定位

一、目标定位

1. 国家全域旅游示范区。

2. 全国乡村振兴示范县。

① 出自屏山县2021年《政府工作报告》。

② 数据由今日头条号缩缩经略、宜宾头条于2023年2月4日发布。

二、形象定位

“硒彩屏山·纺织新城”“丹崖古佛秘境·富硒养生胜地”：这两个形象定位，主要在于突显屏山境内的富硒资源、国家丹霞地质公园和世界现存第一大立佛优势，反映近些年浙川“东西协作”中海盐县与屏山县共同打造的新型纺织业成果。

三、空间布局

构建“一心一带三组团”的发展格局。

1.“一心”：山水新城·全域旅游大本营。

2.“一带”：金沙画廊·文旅休闲产业带。

3.“三组团”：古佛仙山·避暑养生组团、古城平湖·滨水休闲组团、古夷花谷·观光运动组团。[①]

第二节 资源和产业

一、资源概况

屏山县地处金沙江、岷江下游，拥有以老君山、大红岩环崖丹霞、向家坝库区等为代表的丰富自然生态资源，也有以马湖府古城、龙华古镇、八仙山立佛、古蜀夷都等为代表的人文资源，还有早花、早茶等特色农业景观。虽然拥有丰富的旅游资源，但是由于过去道路交通闭塞，加之十年移民搬迁浩大工程，导致屏山的旅游业发展滞后，到目前为止仅有3家3A级景区，1家2A级景区，旅游经济对国民经济的贡献率极低。

近年来随着成贵高铁、仁沐新高速、宜攀高速等一系列重要交通工程的实施，屏山的交通条件得到了极大的改善，许多“养在深闺人未识”的资源

① 出自屏山县《“十四五”文旅发展规划》。

走进人们的视野。同时向家坝移民工程已经结束，旅游业的发展受到各级政府领导的高度重视。

目前，全县已查明文旅资源共3741处。其中，文化资源2437处，旅游资源1304处。

（一）文化资源

文化资源有2437处。其中，有古籍1504册，非物质文化遗产13处，不可移动文物603处，可移动文物313件，传统器乐乐种3种，戏曲剧种1种等6大类。①

有国家3A级景区——锦屏山景区，成功举办了10届乡村旅游文化节暨锦屏梨花节，被央视《新闻联播》宣传报道。大乘镇天然高山茶海，岩门片区是大乘镇的种茶核心区，是乡村振兴项目示范点，“屏山炒青”，荣获“国家地理标志”品牌，享有“中国绿茶一绝”之美誉。此外，还有国家级保护单位——龙氏山庄，典型川南民居古建筑。

（二）旅游资源

旅游资源有1304处。其中，优良级旅游资源382个，占29.29%，新发现旅游资源点358个，占27.45%。五级旅游资源16个，约占1.23%；四级旅游资源38个，约占2.91%。全县旅游资源分布于8个大类、24个亚类、94个基本类型，分别占标准分类中大类的100%、亚类的92.31%、基本类型的67.18%。新发现四级旅游资源14个，五级旅游资源5个。查明屏山县旅游资源以05建筑与设施（主类）、01地文景观（主类）方面为主要特色，展示屏山丰富历史底蕴载体和独特地质地貌景观。

三大地理单元过渡、两大水系滋养，形成了屏山丹山平湖、双重气候、富硒物产、多元文化的四大特征。

屏山县有一个横向山系——五指山，包括五座横向山脉——青龙山、老君山、大红岩、凤凰山、锦屏山。

有两大水系：金沙江、岷江，囊括4条主要支流，23条溪流，19个水库。

---

① 出自2020年宜宾市文旅资源普查资料。

还有两大河谷：金沙江河谷、中都河谷。

此外，屏山县还有面积约1500平方千米，拥有240平方千米富硒土壤，现有特色水果20万亩，茶园21万亩。

二、产业发展

屏山县地处横断山脉西南角、四川盆地南缘、云贵高原北侧，属四川盆地向云贵高原抬升的过渡带、横断山脉向四川盆地缓降的过渡带，是高原、山地、盆地三大地理单元的结合部，屏山受岷江、金沙江两江流域的滋养。

目前，全县拥有国家A级景区4个，有3A级景区3个，分别是八仙山立佛景区、锦屏山景区和百果观光体验园景区，2A级景区1个（书楼禅海原乡景区）。省级旅游扶贫示范村4个，2016年成功创建八仙山立佛国家3A级景区，2017成功创建锦屏山国家3A级景区和高田禅海原乡国家2A级景区，2018年成功创建四季果园国家3A级景区。2019年创建高田村、早稻村、碳石村3个市级竹生态旅游特色村。

近年来，屏山把县城作为第三产业的引擎，盘活商圈，发展通道经济、高铁经济和夜间经济，按市场化原则开发书楼镇马湖府古城、屏山县“冰雪小镇”、龙氏山庄、中都镇油菜花、彝族风情文化、古镇大佛、锦屏镇梨（李）花节、屏山镇牡丹赏花节、新安镇农民丰收节等特色集镇文化旅游资源，创建锦屏山、八仙山立佛国家5A级景区，启动省级生态旅游示范区；加快开发凤凰山、五指湖康养基地和养老地产，打造一批特色康养品牌和良性发展的健康服务产业。先后打造有彝族新年节、中都油菜花节等6个节庆品牌，星级农家乐16家，特色节庆活动8个。旅游业态以观光、采摘、农家乐为主，优质文旅资源主要集中在三个片区。

2020年，全县实现旅游收入66.7亿元，接待游客745.63万人次，完成旅游项目投资近30亿元。成功创建国家A级景区4个，省级旅游扶贫示范村4个，市级竹生态旅游特色村3个，五星级农家乐1个。到2025年，打造省级乡村旅游重点镇1个、重点村2个，市级乡村旅游重点镇3个、重点村10个。

此外，打造“五个一”全域旅游品牌目标：一个国家5A级旅游景区：龙华—老君山旅游区；一个国家旅游度假区：五指湖生态康养旅游度假区；一个国家生态旅游示范区：老君山生态旅游区；一个国家田园综合体：中都早春花谷；一个国家研学旅游基地：马湖府古城。

2020至2025年，将屏山建成国家全域旅游示范区，龙华立佛古镇旅游区打造成为国家4A级旅游景区，将老君山建成省级生态旅游示范区，马湖府古城建成国家研学旅游基地，五指湖生态康养度假区建成省级旅游度假区，建成12个特色乡村旅游点。力争期末全县游客接待量达到500万人次，旅游业对GDP的综合贡献率达到20%。①

2026至2030年，屏山建成全国乡村振兴示范县，中都早春花谷建成国家级田园综合体，老君山建成国家级生态旅游示范区。力争期末全县游客接待量达到800万人次，旅游业对GDP的综合贡献率达到30%。

2031至2035年，龙华—老君山旅游区联合打造成为国家5A级旅游景区，五指湖生态康养度假区提升建成国家级旅游度假区，屏山炒青硒茶旅游度假区建成省级旅游度假区。力争期末全县游客接待量突破1000万人次，旅游业对GDP的综合贡献率达到50%。

第三节　文旅特色

一、特色文旅

屏山旅游业态主要以自然生态观光、采摘体验、农家乐为主，形成了丹山平湖、双重气候、富硒物产、多元文化四大特征。

文旅特色主要为山区自然景观、原始森林景观、古镇景观、古大佛景观、现代农业景观、向家坝电站库区风光、休闲康养、探险体验、山区绿色食品、屏山茗茶等。

---

①出自屏山县《“十四五”文旅发展规划》。

二、地方特产

有屏山椪柑、茵红李、枇杷、桂圆、屏山黑猪、屏山腊肉、屏山土鸡、屏山笋干、屏山蜂蜜、屏山炒青、名茶龙湖翠、岩门绿芽、屏山白魔芋、中都菜油、屏山蕨根粉、烤烟、中草药（砂仁为主）等。

三、美食美味

有屏山包谷粑、屏山浑水粑、龙华龙凤汤、屏山胡豆酱、屏山套醋、屏山清明粑、屏山野生菌、叶儿粑、豆渣汤、奎瓜烧江团、屏山内堂抄手等。

四、非物质文化遗产

屏山县非物质文化遗产共计14项，省级2项、市级4项、县级8项。其中，省市级主要有金沙江下游船工号子、女子踩桥、屏山薅草歌、屏山炒青传统制作技艺、屏山彝族新年节、中都倮倮制作技艺等。[①]

第四节　景区景点

景区景点：移民新城、书楼马湖古城、八仙山立佛、龙华古镇、老君山原始森林、中都国家丹霞地貌公园、中都油菜花海、云顶茶海、金沙水海、锦屏山景区、大乘玫瑰花海、四季果园、蝉海原乡、大乘龙氏山庄、龙华凉桥、屏山楞严寺、西部大峡谷温泉、禹帝宫、鸡罩山、万寿寺、万年山、龙华丹霞洞摩崖造像等。

① 出自2020年宜宾市文旅资源普查资料。

一、龙华古镇

龙华古镇始建于宋，明清时期已形成古镇现存规模，此地历为川边驻兵重镇。明末清初设守备，雍正九年（1731年）改守备为平安营都司，统屏山、马边、沐川、雷波等地驻军。咸丰元年（1851年），筑城堡，其后咸丰九年（1859年），几任都司曾加以修葺。都司衙门的雄美石狮现移凉桥桥头供人欣赏。

龙华古镇三面环水，一面是山。三条古街道由石板铺就，顺山势蜿蜒，街两边一千余间街房基本上保留了明清商肆民居特点，均为木结构排列，楼房也多为平房或一楼一底木楼房。顺河街至下寨门一带，为仅三四米宽的多台石级路，两边店铺林立，鳞次栉比，每至逢场日，穿行人流中，使人联想到《清明上河图》。

建于嘉庆二十五年（1545年）的龙华寺，规模宏大，占地约4000平方米，紧挨着的是禹王宫。出下寨门，便于安澜清洪桥，人称凉桥。凉桥原系木板铺就，桥上筑瓦屋形成长廊。桥下流水哗哗，水清见底，两岸除为人们消夏避暑处之外，还是山乡妇女浣纱濯衣处。20世纪末，四川作家曹理瑶女士曾创作长篇小说《风流古镇》，讲述龙华“更夫”的爱情传奇故事。

龙华场镇的古建筑繁多，有如宫、殿、寺、庵、庙、楼、祠、府、桥、堂、民房等明清建筑，古镇内还有始建于清乾隆年间的禹帝宫。而建于明嘉靖的龙华寺还是县级文物保护单位。龙华古镇成功创建为中国历史文化名镇、十大四川最具保护价值的古镇。现为“省级重点文物保护单位”“省级特色文化先进乡镇”“省级小城镇建设试点镇”。

此外，龙华古镇一带还有省级非物质文化遗产“女子踩桥”。每年农历“三月三”，周边许多青年女子会聚于龙华凉桥，如同过节一般热闹。[①]

---

①出自2020年宜宾市文物普查资料。

二、八仙山大佛

世界第一大立佛八仙山大佛，因立于龙华古镇八仙山麓而得名。八仙山海拔890米，属典型的丹霞地貌，为儒释道三教共顶圣地。山顶有世界第一大立佛与丹霞洞石窟群，其中世界第一立佛——八仙山大佛被《中国大百科全书》列为世界十大佛像之一，现为世界第一石刻立佛，为省级文物保护单位。

八仙山立佛为国家3A级景区，景区内有世界第一立佛、丹霞洞石窟群、山顶茶园等旅游资源。正升级打造国家4A级景区。

三、楞严寺

楞严寺位于屏山县中都镇，又名雷音寺，建于明成化年间。现存有大雄宝殿及后殿和东厢房。1993年修缮一新，是中都镇目前保存、修缮得较好的一处历史景观。

楞严寺的建筑结构具有独特的防震功能，堪称一绝，使楞严寺处于马边地震带却屹立五百多年而不倒。

四、老君山国家级自然保护区

老君山自然保护区系小凉山余脉五指山脉的主峰，海拔2008.7米，为川南第一高峰。区域内的天然原始阔叶林达3万多亩。林区内古树参天，四处青藤缠绕，翠鸟声声。山顶有一破败不堪的“老君庙”，传说过去名气很大，川滇两地香客都常来进香。

老君山已查明有包括国家重点保护植物珙桐在内的珍奇植物10余种，有鸟类大熊猫之称的“四川山鹧鸪”在内的珍稀动物30余种，是国家级四川山鹧鸪自然保护区。

老君山原始森林盛产石竹，其笋干是著名的屏山特产之一，是人间难得的美味佳肴。

五、马湖府古城

马湖府古城位于金沙江下游北岸屏山县书楼镇金沙江库岸。书楼镇文化底蕴深厚，是向家坝库区旅游的门户，书楼镇石柱地和叫化岩新石器时代遗址，是中国十大考古新发现。明代大学士薛文清曾在书楼讲学，更添了书楼的儒家文化底蕴。

屏山在元时就设有马湖路建制，直到洪武四年（1371年）至雍正五年（1727年）设马湖府。近千年来留下许多珍贵文物，这里集中展现了古蜀文化的变迁与发展。由于向家坝水电站的修建影响，经历了11年的辛苦抢修和迁建，才使得这座古城在我们眼前呈现。

马湖府古城位于书楼镇场镇、金沙江畔。马湖古城占地面积220亩，中心面积120亩，建设面积2.7万平方米，原建筑就有42处，集中文物迁复建42处，投资金额3亿元。古城有400余间房，用地近200亩，是四川最大规模的文物异地复建建筑博物馆，呈现了历史上移民带来的客家文化遗存，拥有大量明清风格的民居建筑，古建筑文化深厚。

金沙江文化可追溯的4000余年历史文化，在书楼镇集中体现，从而形成了独特的川南历史文化区。马湖府古城复建工作已经全面竣工，开发运营已请公司编制规划策划，2020年已经通过国有公司平台撬动社会资本进行运作。目前，招商运营已经全面展开并开城试运行。

六、云顶茶海景区

绿茶是屏山主要产业，屏山有着深厚的茶文化。云顶茶海景区位于锦屏镇富荣朝阳村云顶山上，山上茶园已结合乡村振兴等项目完善了旅游基础设施。其中四季果园景区距新县城44千米，园区主要种植高品质草莓等水果，有拓展训练基地、军事体验中心等娱乐设施，集旅游、休闲、观光、体验于一体。于2018年创建为国家3A级景区。

云顶仙居民宿选址在屏山县锦屏镇（原富荣镇朝阳村）云顶茶海，占地约1600平方米，海拔约1100米，距离屏山县城44千米左右，约1小时车程，距离宜宾70千米左右，约1.5小时车程。成贵高铁已全线贯通，乐山到屏山约35分钟，成都、贵阳到屏山分别约1.5小时、2.5小时。

目前渝昆高铁已启动建设，预计2023年建成通车后，重庆、泸州、自贡、乐山等市到云顶仙居均处在2~3小时的交通圈内。云顶茶海文旅融合项目地背靠龙华老君山自然保护区，面朝马湖府古城及金沙水海库区，在云顶茶海建立一个综合服务体，既能起到引流串联的作用，又能满足民宿的发展需求，同时也打开了屏山旅游的新局面。

七、向家坝水电站库区

金沙江从屏山县西部清平彝族乡入境，至东部书楼镇糖坊湾出境，流程93.5千米，串联了屏山最重要的5个乡镇（清平、新市、新安、锦屏、书楼）。向家坝水利工程项目的建设，既形成了金沙江流域江段，同时也是川南地区最大的库区湖面。在历史文化传统方面，也形成了省级非物质文化遗产——金沙江船工号子。金沙江船工号子，就是航运原始落后年代，往来木船纤夫拉船的劳动歌谣。

向家坝库区带是长江源头上一块瑰丽的绿宝石。向家坝水电站下闸蓄水后，在屏山县境内形成百里金江高峡平湖库区，以及书楼镇库边高质量地热温泉——芭蕉温泉，与马湖古城景区毗连，形成了互相补充、相得益彰的业态链。

八、禅海原乡景区

禅海原乡景区是中国十大考古发现石柱地墓地遗址，面积约10万平方米。有新石器时期、商周、战国秦汉、明清各时期遗址800多个，出土石器、陶器、铜器、铁器等各类器物4000余件，被评为“2011年度全国十大考古新发现”之一；成功申报省级非物质文化遗产——金沙江船工号子。

禅海原乡国家2A级景区，距书楼镇10千米，景区内有万亩楠竹，最高海拔1050米，风景优美，空气清新，有骑游道、露营基地等设施，是康养、休闲、避暑的理想去处。

九、世界夷都

屏山县中都镇是世界上稀缺的夷都文化、鱼凫文化区。中都镇在历史上曾被称为“夷都”，是远近闻名的“小皇城”。春秋时期，是古蜀王鱼凫子孙封地，名“沐道”，唐宋时名为“夷都”，明朝万历年间改为“中都”。

如今的中都镇，还有龙虎洞、黑龙土主庙、古皇城、王将军府、楞严寺、神木山石碑等大量古代古夷都文化的遗址和遗物。至今尚存的鱼凫后裔，还在中都境内传宗接代。楞严寺是国家级重点保护文物。

近年来，屏山县结合油菜花节、向日葵节展示夷都文化，2018年获批了省级、国家级丹霞地貌地质公园，2020年成功创建了四川屏山环崖丹霞地质公园，被授予国家地质公园资格。

十、锦屏山景区

锦屏山国家3A级景区地处金沙江畔锦屏山上，山下是屏山老县城淹没所在地水库。“飞鸟恋旧林，池鱼思故渊”，而今锦屏山成为屏山人的乡愁所在、根脉所在，也是屏山人的精神家园。

目前，锦屏山景区已连续举办梨花节十一届，其美景被央视多次播报，景区内有万亩梨园、李园。每年春天，锦屏山上梨花、李花、桃花次第开放，繁花似锦，很多游客前来赏花摄影、寻古怀旧、凭吊先人。

十一、中都环崖丹霞国家级地质公园

中都镇环崖丹霞地质公园总面积为71.22平方千米，12个环形崖壁环环相连，被《中国国家地理》杂志列入“四川100个最美观景·拍摄点”。丹霞地貌区的村民，修建房屋时就地取材，用丹霞石块砌墙，现存有400余栋丹霞石头民居，成为当地一道独特美丽的乡村风景线。

此外，中都镇境内有全国重点文物保护单位楞严寺、龙虎洞崖墓遗址、迎恩桥、五谷庙、黑龙土主庙、“永赖同功”石刻、皇城遗址、神木山等古迹。

中都镇夷都文化和彝族文化历史悠久，是世界夷都文化、鱼凫文化区。每年，屏山举办彝族火把节、彝族新年节等，以此展示和弘扬民族文化。

十二、中都菜花景区

中都河谷坝区是川南最早的油菜花景区，由中都、太平二地十万余亩川南最早油菜花和丹霞地质地貌特色自然景观而组成。因其独特的中都河谷暖气候，元月份油菜花就已竞相开放，形成了“山顶白雪皑皑，山下芸苔金黄”的奇景。

中都油菜花海已经远近闻名，招引无数游客前来观赏、摄影。中都镇已经连续举办了四届油菜花节。

十三、鸭池牡丹基地

原鸭池乡牡丹基地由四川瑶池农业科技有限公司投资建设。该公司以凤丹牡丹种植、推广、深加工为产业支撑，集农业生态观光旅游以及有机农产品生产、科研、销售、服务、旅游为一体。

2015年10月，四川瑶池公司入驻鸭池乡（现已撤并入屏山镇），采用“公司+基地+农户”的合作模式，推广种植凤丹牡丹。目前，基地已种植牡丹1000多亩。其中，有凤丹牡丹516万株，观赏牡丹3万株，芍药8万株，樱花4万株，是一个观赏牡丹、周末度假休闲的好去处。今后，鸭池牡丹基地若升级打造，配套会议培训实施，可扩建为特色花卉休闲体验中心。

十四、大乘龙氏庄园

龙氏庄园是屏山县大乘镇境内的一座古宅院建筑，距离屏山新县城约17千米。这座古宅院的主人姓龙，故今人习惯称之为“龙氏庄园”。据记载，龙氏山庄建成已有近两百年历史，由龙家65世后裔龙德华肇建，建造时间为嘉庆丁丑年（1817年）至道光甲申年（1824年）之间，前后经历三次较大的扩充和修补。

龙氏庄园由外部的寨墙和内部庭院组成，占地5000多平方米，建筑面积3000余平方米，前后分为三进，地面落差近8米，共有房舍53间，宽敞明亮。庄园的寨墙由条石构成基础，形成一个超过2米的高台，长约200米，上有夯土垛墙，垛墙上开枪眼，居高临下。初建时，整个寨墙上架木构房架，可避风雨，坚如城垣，将宅院环抱其中。而在宅院最后方，左右两侧更建有碉楼各一，高度超过10米。

整个山庄占地面积约5000平方米，建筑面积3750平方米，坐西向东，呈品字形结构，由六个四合院组成，依山势而建，呈阶梯式分布，逐步向上抬升，属典型徽派建筑，堪称川南徽派建筑的典范。

十五、玫鳞花溪

玫鳞花溪项目位于宜宾市屏山县大乘镇京坪村，项目规划面积2055亩，其中特色玫瑰种植示范园550亩、桃李种植示范园380亩、农田710亩、原始森林植被350亩、自然水域65亩。项目聚焦屏山县“玫瑰之城建设暨乡村振兴示范片融合项目”的发展规划，屏山县人民政府和金岷公司共同全力打造的一个集玫瑰花种植及系列产品研发、观光旅游、休闲度假、蔷薇科科普教育基地于一体的综合性休假度假园区。通过景观打造、生产基地建设、人才培养，实现“生产基地与实际运用”融合，达成人才、产业、景观、协同发展的目标，助力屏山县打造“玫瑰之城”，发展玫瑰产业。建成后形成一个核心：玫瑰产业；两大主题：浪漫玫瑰、生态养殖；五大产品：精品桃李、烂漫玫瑰、生态养殖、滨水休闲、特色旅购，实现乡村振兴和三产融合。

玫鳞花溪总投资1亿元，新建玫瑰产业基地150亩，建设玫瑰仙子、新房水库花景花甸项目、3千米玫瑰花带等主要节点景观5个，配套建设停车场、公厕等旅游设施。玫鳞花溪已于2022年5月1日正式开园，后续将进一步打造新房水库四周景点、玫瑰产业基地，3年内争取创建为国家4A级景区。

十六、蒋坝村四季果园

蒋坝村四季果园位于屏山新县城郊区与工业纺织园区结合处。现蒋坝中心村为原蒋坝村、石盘村和三合村合并而成，面积12.67平方千米，辖18个村民小组，共有1264户5043人。

为巩固脱贫攻坚成效并实现与乡村振兴的有效衔接，蒋坝村紧紧围绕乡村振兴“二十字方针”总体要求，统筹推进两项改革“后半篇”文章，依托产业发展优势，围绕县城“周末经济”“采摘经济”目标，以建设省级现代农业园区、省级农业科技园区、市级乡村振兴示范园区“三区”为定位，以打造四季果园、山水田园、美好家园、幸福庄园、生态公园“五园”为着力点，全力推进乡村振兴建设。2020年示范区内农民人均可支配收入18762元，收入高于全县平均水平的20%。

目前，蒋坝村坚持村党支部引导、群众自愿的原则，科学规划布局一、二、三产业。一是在油房、烂槽等组规划特色李子产业3000亩；在团灯、洪家组规划紫樱桃1000亩；在三合片区规划种植“晚湖锦”桃子2000亩；其他零星区域适当布局草莓、柑橘等产业；在万和、团灯、洪家组规划水产养殖1200亩。二是借助交通优势，在双河组布局新材料生产企业；在万和组布局生猪屠宰企业，在民乐组布局茶叶精深加工企业。三是依托农文旅产业布局和县城周边优势，布局彝族风情园、四季果园、凤凰栖苑等餐饮服务企业，推动一、三产业融合发展。而今，蒋坝村四季果园已成为远近闻名的采摘体验、周末休闲目的地。

十七、彝族风情·火把节

屏山县清平乡地处金沙江下游与雷波县柑子乡交界处，是彝族风情旅游景区。此地风景优美，山势险峻，是彝族同胞聚集地。因向家坝水电站库区385米线下被淹没，清平乡整体搬迁重建。新建乡镇按照彝家风格建设，并充分考虑了彝族的风俗习惯与生活习俗。

清平乡当地已挖掘彝族歌舞、彝族民俗、彝族饰品、彝族美食，打造了具有民族风情的街道、广场等，县上专门成立了彝族研究会，通过每年的彝族火把节、彝族新年节等展示和弘扬民族文化。

屏山县把彝族“火把节”系列活动和“彝族新年”活动打造成特色文化旅游项目。借助这一系列独具特色的少数民族活动，成功塑造了“风情彝乡”“多彩屏山”等旅游名片，受到当地群众追捧。每年火把节，不仅全县彝族同胞欢聚一堂，表演节目，很多外地游客也慕名而来“过节”，极大地提升了屏山新县城的人气和影响力。

严格意义上说，马湖是凉山州雷波县的辖区，但由于紧邻屏山县清平、屏边两个彝族乡，周边市民喜欢到此处避暑纳凉和观赏彝族火把节。

屏山县·丹霞地貌

后 记

“谁不说俺家乡好”“风吹稻花香两岸”。唯有走进宜宾，认识宜宾，才能热爱宜宾！近些年，宜宾大力实施“双轮驱动”产业发展战略，推进大学城、科创城“双城建设”，地方经济社会发展取得了长足的进步。为了让外界更多地了解宜宾并“讲好宜宾的故事”，也为了让党校干部培训和高校在读大学生能够深入、系统地关注宜宾文化生态旅游发展，在领导与同行的支持鼓励下，笔者萌发了编写《宜人宜宾：区域文化生态旅游中心城市》的念头。5月，恰好市文化广播电视和旅游局委托市乡村旅游研究会做一个科研课题，并提供了一些相关资料，为此书编写作了前期铺垫，于是便下定决心编写此读本。

此书编写过程中，有两点考虑：一是宜宾要建设“区域文化生态旅游中心”“旅游强市”“文化强市”，但长期存在文旅资源和产业状况家底不清的“短板”，导致实际工作与理论研究时心中无数；二是笔者力求做到本书集知识性、资料性、研究性和前瞻性于一体，既有利于在推进宜宾文旅融合发展中供市县领导决策、招商引资和实践操作作参考，又能为从事教学、科研的同行提供相应的资料，与人方便。但由于本人水平有限，时间仓促，调研也不够深入，书中难免存在着诸多不足和错漏，敬请广大读者朋友批评指正！

此书的编写得到了市决策咨询委员会、市委党校、市社科联、市乡村振兴局、市县文化广播电视和旅游局、市新力经济研究院、长宁县人民政协，尤其是市领导葛燎原、郑耀银，市县部门领导刘建、李成文、江仁朝、廖礼华、黄一红、杨希、林乃宏、李宏斌等和市乡村旅游研究会黄建军、刘凯、郑启友、张启银、唐兴意等同志的大力支持与协助，以及四川喜开颜教育培训公司、四川骆鹿客运公司等的极大帮助，同时笔者在编写中还参考了十个区县相关的资料、数据和图片，在此一并表示诚挚的谢意！

许察金

2022年10月1日